प्रिय तसलीमा नसरीन

वाणी प्रकाशन
21-ए, दरियागंज, नई दिल्ली-110002
फोन : 011-23273167, 23275710, 51562622
फैक्स : 01123275710
e-mail : vani_prakashan@yahoo.com,
amaheshwari_del@touchtelindia.net

प्रिय तसलीमा नसरीन

अनुवादक
अमर गोस्वामी

वाणी प्रकाशन का लोगो
विख्यात चित्रकार मकबूल फिदा हुसेन
की कूची से

ISBN : 81-7055-691-0

वाणी प्रकाशन
21-ए, दरियागंज, नयी दिल्ली-110002
द्वारा प्रकाशित

संस्करण : 1999
संस्करण : 2005

मूल्य : 75.00

आवरण : वाणी चित्रांकन

एस. एन. प्रिंटर्स, दिल्ली-110032
द्वारा मुद्रित

PRIYA TASLIMA NASRIN
Translation by Amar Goswami

निवेदन

एक तरफ धार्मिक कट्टरपंथियों का आंदोलन और लेखिका की जान लेने की धमकी, दूसरी तरफ सरकार की ओर से गिरफ्तारी का परवाना, तसलीमा नसरीन को अपनी जान बचाने के लिए विवश होकर आत्मगोपन करना पड़ा। यह सन् 1994 के 4 जून की बात है। उनकी सुरक्षा के लिए सारी दुनिया के लेखक चिंतित हैं। जुलाई में एक फ्रांसीसी संस्था 'रपर्तर सँ फ्रँतियर' ने अपने देश के एक प्रमुख अखबार 'ल रैगले दूज्मो' के सहयोग से तसलीमा नसरीन की सुरक्षा और मुक्ति के मुद्दे पर एक अभिनव आंदोलन की शुरुआत की। उसे विभिन्न देशों के विभिन्न भाषाओं के चर्चित लेखकों का समर्थन मिला। इन लेखकों ने इस अखबार में 'प्रिय तसलीमा नसरीन' शीर्षक से खुली चिट्ठी लिखने का सिलसिला शुरू किया। हर चिट्ठी दुनिया के विभिन्न देशों के 20 अखबारों में प्रति सप्ताह—एक निश्चित दिन को छपने लगी। 10 अगस्त को बाँग्लादेश सरकार ने तसलीमा की जमानत मंजूर की। उन्होंने स्वीडन में आश्रय लिया। इसके फलस्वरूप पूर्व योजनानुसार बाकी चिट्ठियाँ छापने की फिर जरूरत नहीं पड़ी। उन प्रकाशित और

अप्रकाशित पत्रों में से कुछ चिट्ठियों का चयन करके 'रपर्तर सँ फ्रँतियर' ने एक फ्रांसीसी प्रकाशन संस्था के माध्यम से एक संकलन प्रकाशित किया। जर्मन भाषा में भी ऐसा ही एक और संकलन छपा। इन दोनों संकलनों से कुछ चुने हुए पत्रों का एक संकलन बाँग्ला भाषा में 'आनंद पब्लिशर्स प्रा. लि. कलकत्ता' ने प्रकाशित किया। प्रसिद्ध बाँग्ला कवि और लेखक अन्नदाशंकर राय की लिखी भूमिका को बाँग्ला संस्करण में अलग से शामिल किया गया है। इसी बाँग्ला संस्करण का हिन्दी में अनूदित यह पत्र संकलन प्रस्तुत है।

भूमिका

बाँग्लादेश में तसलीमा नसरीन जैसी अनेक बेहतर लेखिकाएँ हैं। उनमें से कुछ उन्हीं जैसी साहसी और उन्हीं जैसी नारी मुक्ति तथा स्त्री-पुरुष समानता के लिए सक्रिय हैं। लेकिन उनके साथ तसलीमा का यही फर्क है कि उनमें से किसी के विरुद्ध धार्मिक कट्टरपंथियों ने मृत्युदंड का फतवा जारी नहीं किया है। इसके अलावा किसी भी धनी व्यक्ति ने हत्या करनेवाले को पुरस्कार देने की घोषणा नहीं की है। उनमें से किसी के विरुद्ध अदालत द्वारा गैर-जमानती वारंट जारी नहीं किया गया है। उनमें से किसी के भी विरुद्ध दो साल के सश्रम कारादंड का मुकदमा भी दायर नहीं किया गया है। 'ल एफेयर तसलीमा नसरीन' इस शताब्दी का एक असाधारण मुकदमा है जिसकी तुलना विगत शताब्दी के 'ल एफेयर ड्रेफुस' से की जा सकती है। इस मुकदमे का फैसला सुनने के लिए पूरी दुनिया उत्कंठित है।

इधर देखने में यह आया है कि अदालत से जमानत पाकर और सरकार से पासपोर्ट लेकर तसलीमा यूरोप के जिस देश में जा रही हैं, उस देश में उन्हें आततायियों के हाथों से बचाने के

लिए उस देश की सरकार उनकी सुरक्षा का इंतजाम कर रही है। उनकी रचनाएँ विभिन्न भाषाओं में अनूदित हुई हैं। उन रचनाओं को पढ़कर यूरोप-अमेरिका के प्रबुद्ध लोगों में जो प्रतिक्रिया हुई उसी का प्रमाण तसलीमा को लिखी चिट्ठियों के एक फ्रांसीसी संकलन का यह बाँग्ला अनुवाद है। इसे पढ़कर मुझे लगता है कि तसलीमा ही अकेली ऐसी मुसलमान लेखिका हैं जिनकी तुलना सलमान रुश्दी से की जा सकती है। मुसलिम देशों में इन दोनों नामों की साथ ही चर्चा की जाती है। एक चर्चित फ्रांसीसी दैनिक के संपादकीय लेखों के अँग्रेजी संस्करण में मैंने रुश्दी के साथ ही तसलीमा का भी नाम देखा। दोनों ही इस दृष्टि से बहुचर्चित व्यक्तित्व हैं। इन दोनों के बीच मौत की सजा का फ़तवा पाने की जैसी एक समानता है वैसे ही अन्य विषयों में असमानताएँ भी हैं। तसलीमा की चिंता सामाजिक परिवर्तन के सिलसिले में है। उनकी रचनाओं का मुख्य उद्देश्य यही है। रुश्दी बेहद महत्त्वाकांक्षी साहित्यकार हैं। इसी बीच अँग्रेजी साहित्य में उनकी गिनती प्रथम श्रेणी के लेखकों में होने लगी है। शायद उन्हें एक दिन नोबल पुरस्कार भी मिल जाए। समाज के बारे में वह कतई चिंतित नहीं हैं। एक पुरुष के नाते वह पुरुष प्रधान समाज के सुविधाभोगी हैं। उन्हें इस समाज व्यवस्था को बदलने की जरूरत ही क्या है ? ऐसा वह क्यों चाहेंगे ?

मगर तसलीमा पुरुषों की समाज व्यवस्था को फूटी आँखों देख नहीं पातीं। उनका वैवाहिक जीवन भी असफल रहा। कई बार संबंध-विच्छेद भी हुआ। यह शायद उन्हें औरत के रूप में नीचा दिखाने के लिए था। मगर तसलीमा किसी के आगे सिर

नहीं झुका सकतीं। पति, घर और संतान की लालसा में स्त्रियाँ कितनी जल्दी अधीनता स्वीकार कर लेती हैं, तसलीमा को इसी बात की खीझ है। उन्हें एक 'यंग एंग्री वोमन' कहा जा सकता है। उनके जैसी एंग्री यंग वोमन बाँग्लादेश में तो हैं ही नहीं, संपूर्ण इस्लामिक देशों में भी कहीं होंगी, इसमें संदेह है। इसलिए एंग्री ओल्ड मैन जैसों के साथ उनका संघर्ष अवश्यंभावी है। यूरोप-अमेरिका के प्रबुद्ध लोग इसे महसूस कर रहे हैं। इसलिए उनकी सहानुभूति तसलीमा के साथ है। यह इस कारण नहीं है कि वह एक प्रथम श्रेणी की साहित्यकार हैं, जैसा कि सलमान रुश्दी को माना जाता है। लेकिन धार्मिक कट्टरपंथियों की बलि के रूप में एकमात्र रुश्दी के साथ ही उनकी तुलना हो सकती है।

इंग्लैंड ही रुश्दी का देश है। उन्हें अपना देश छोड़कर भागना नहीं पड़ा। लेकिन तसलीमा को अपना देश छोड़कर दूर देशों में शरण लेनी पड़ी। उन देशों में वह एकदम एकाकी हैं। अपनी बाँग्ला जबान में बात करने के लिए जहाँ उन्हें नाते-रिश्तेदार, यार-दोस्त, परिचित-अपरिचित कोई व्यक्ति नहीं मिलता। जीवन में आर्थिक रूप से कोई कमी न होने के बावजूद वह स्नेह-ममता से वंचित हैं। बाँग्लादेश की धरती पर लौटने के लिए उनके प्राण छटपटाते रहते हैं। वहीं की मिट्टी में ही उनके प्राण बसते हैं। लेकिन जहाँ तक मैं समझ पा रहा हूँ कुछ एक व्यतिक्रम को छोड़ दिया जाय तो बुद्धिजीवी भी उनसे प्रसन्न नहीं हैं और महिलाएँ भी खीझी हुई हैं। अपने देश लौटने के बाद शायद उन्हें प्राणदंड और कारादंड से मुक्ति मिल जाए, लेकिन यूरोप के प्रबुद्ध जनों जैसी सहानुभूति

उन्हें वहाँ नहीं मिलेगी। मगर अर्धशिक्षित तथा उपेक्षित स्त्रियों का प्रेम उन्हें भरपूर मिलेगा, जिनसे उन्हें लगाव है और जिनके लिए वह लड़ रही हैं।

तसलीमा का वास्तविक कर्मक्षेत्र यूरोप नहीं, बाँग्लादेश है, जिस प्रकार वाल्तेयर का प्रमुख कर्मक्षेत्र स्विटजरलैंड नहीं, फ्रांस था। उनको वास्तविक सफलता अभी नहीं, पचास साल बाद मिलेगी, जैसा वाल्तेयर के साथ हुआ था, अगर वह इस बीच आत्मसमर्पण नहीं करतीं। यह तसलीमा के लिए परीक्षा की घड़ी है, बाँग्लादेश के लिए भी परीक्षा की घड़ी है, उसी तरह धार्मिक कट्टरपंथ की भी परीक्षा की घड़ी है। सारी दुनिया की नजरें इन तीनों पर लगी हैं। सभी परिणाम की प्रतीक्षा कर रहे हैं।

–अन्नदाशंकर राय

रचनाक्रम

सलमान रुश्दी का पत्र

प्रिय तसलीमा नसरीन,

आप जरूर 'महिला सलमान रुश्दी' के रूप में परिचित होते-होते थक चुकी होंगी। महिला सलमान रुश्दी–एक हास्यास्पद काल्पनिक प्राणी। अर्थात् आप कभी भी भूल नहीं पायीं कि आप एक महिला–'महिला' तसलीमा नसरीन हैं। मुझे खेद है कि मेरा नाम आपके गले में लपेट दिया गया है, लेकिन यकीन मानिए अधिकांश देशों के बहुसंख्यक लोग यह मानते हैं कि कोई भी नारा आपके व्यक्तित्व पर अपनी छाप नहीं छोड़ सकता। आपके साथ किसी की तुलना नहीं हो सकती। आपके और आपके अधिकारों के समर्थन के लिए ही, जो लोग आपकी मृत्यु चाहते हैं, उनके विरुद्ध लड़ना पड़ेगा।

दरअसल, हम दोनों के शत्रुओं की मानसिकता काफी खतरनाक है। वे उस 'दैव' इच्छा पर यकीन करते हैं जिसने आतंकित करने और मारने का अधिकार उन्हें दे रखा है। इसलिए आपको सलमान रुश्दी (महिला) कहने से पहले आपके दुश्मनों को 'बाँग्लादेशी ईरानी' कहना बेहतर होता; खून के प्यासे ईश्वरों पर भरोसा करना बड़े दुख की बात है। इन मौत के दूतों ने इस्लाम का जो हाल कर रखा है, उससे अलग हटकर सोचने के लिए बड़े साहस की जरूरत है, इसे मैं महसूस करता हूँ। तसलीमा, मुझसे

अनुरोध किया गया है कि आपके समर्थन में लिखी कुछ चिट्ठियों के संकलन का मैं विमोचन करूँ। ये चिट्ठियाँ यूरोप के करीब 20 देशों में प्रकाशित होंगी। जेस्ल मिलोज, मारिओ, वर्गसलोजा, मिलान कुंडेरा जैसे चर्चित लेखकों ने इस काम में अपना सहयोग देने का वचन दिया है। जब मेरे समर्थन में इस तरह का काम किया गया था, तब मेरा आत्मविश्वास बढ़ा था। मुझे पता है, उससे विभिन्न देशों की सरकारों को भी मेरा पक्ष लेने में मदद मिली थी। मुझे आशा है हमारी चिट्ठियाँ भी आपको ठीक वैसा ही आत्मविश्वास और खुशी देंगी, और जो जनमत हमलोग बनाने की कोशिश कर रहे हैं, उससे आप लाभान्वित होंगी।

आपने इस्लाम धर्म में महिलाओं के शोषण और दमन की बात कहनी चाही है। इसकी जरूरत भी थी। पाश्चात्य देशों में ऐसे बहुत भाषण वीर हैं जो अब तक यही कहते आये हैं कि मुसलिम देशों में औरतों का शोषण होता ही नहीं–अगर होता भी हो तो उसमें धर्म का हाथ नहीं होता। उनकी बात मान लेने पर यकीन करना होगा कि औरतों के यौन शोषण से इस्लाम का कोई संपर्क नहीं है। किताबों में शायद ऐसा ही होगा, लेकिन इसमें मुल्लाओं का हाथ होने से इनकार नहीं किया जा सकता। इसके अलावा हर घर में औरतों के दमन के असंख्य उदाहरण मिलेंगे। कई देशों में कानून भी स्त्री-पुरुषों के बीच बराबरी का व्यवहार नहीं करता। वहाँ किसी पुरुष की गवाही औरत की गवाही से ज्यादा विश्वसनीय समझी जाती है। मुस्लिम देशों में नौकरियों में भी औरतों को कई प्रकार के शोषण का शिकार होना पड़ता है। इससे ज्यादा क्या कहूँ।

हिंदू धार्मिक कट्टरपंथियों द्वारा अयोध्या में एक मस्जिद गिराये जाने पर आम हिंदुओं पर (बाँग्लादेश में) जो अत्याचार हुआ था, आपने उसका विरोध किया था। इसीलिए आपके उपन्यास 'लज्जा' को कट्टरपंथियों ने अपना निशाना बनाया और आपका जीवन भी खतरे में पड़ गया। कोई भी समझदार व्यक्ति स्वीकार करेगा कि असहाय अल्पसंख्यक हिंदुओं पर ऐसा धर्मांध आक्रमण निंदनीय है। उतना ही निंदनीय अल्पसंख्यक मुसलमानों पर हिंदुओं का अत्याचार था। समानता के नजरिये को धार्मिक कट्टरपंथी अपना निशाना बनाते हैं। आपका समर्थन करते हुए हम सभी लोग इस समानता के नजरिये का भी समर्थन कर रहे हैं। 'कुरान' में संशोधन करने की जरूरत है। यह कहने के लिए आपको दोषी ठहराया गया है (जबकि आपने सिर्फ शरीयत को बदलने की ही बात की है।) शायद आपकी नजर पड़ी होगी, पिछले सप्ताह तुर्की में सरकार ने शरीयत बदलने का निश्चय किया है। इसीलिए कहता हूँ, यह माँग आपकी अकेले की नहीं है। एक और बात कहने की जरूरत है—स्त्रियों के अधिकारों की रक्षा के लिए अगर संपूर्ण कुरान बदलने की माँग आप करतीं, और आपकी इस बात का विरोध अगर हर मुसलमान करता, तब भी यह माँग विधिसम्मत होती, न्याय की माँग होती। यह मानना पड़ेगा कि आपकी इस माँग के लिए जो समाज आपको जेल में बंद करना चाहता है, वह समाज भी अभी तक स्वतंत्र नहीं हो पाया है। धार्मिक कट्टरपंथी हर बात का कुरान के दायरे में समाधान चाहते हैं। इसके अलावा वे अंधविश्वासी भी हैं। सीधी बात है, अगर कोई कहता है कि 'ईश्वर या खुदा है' तो दूसरा भी यह बात कह सकता है कि 'ईश्वर या खुदा नहीं

है।' अगर कोई यह कहे कि 'मैं इस पुस्तक से घृणा करता हूँ' तो कोई यह भी कह सकता है कि 'मैं इस पुस्तक को बहुत पसंद करता हूँ।' किसी को एक ही सत्य में विश्वास करने के लिए विवश करने से उलझनें बढ़ती हैं। उस सत्य तक पहुँचने के एकमात्र मार्ग पर यकीन करना उलझनों को जन्म देता है। जो लोग इस एक ही मार्ग की बात स्वीकार नहीं कर पाते, उनकी हत्या करना इस चरमतम उलझन भरी मानसिकता की ही देन है।

तसलीमा, आप बंगाल की संस्कृति से भलीभाँति परिचित हैं। बाँग्लादेश और भारत में, हमेशा ही आत्मा की उदारता को महत्त्व दिया जाता रहा है। वहीं चिंतन और अभिव्यक्ति की स्वाधीनता, विभिन्न चिंतन पद्धतियों और अंधविश्वास के अस्वीकार पर बल दिया जाता रहा है। अफसोस की बात है कि आपके देश की सरकार धार्मिक कट्टरपंथियों के आगे झुक गयी है। वह देश की प्राचीन संस्कृति और मूल्यबोध को नकार रही है। बाँग्लाभाषी हमेशा ही इसे मानते आये हैं कि अभिव्यक्ति की स्वतंत्रता पर सिर्फ पश्चिमी दुनिया का ही एकाधिकार नहीं है, उस पर उनका भी हक है। चिंतन-मनन, और अभिव्यक्ति की आजादी की हत्या करने पर हमारे दोस्त तुले हुए हैं। मैंने ऐसे कई लेख पढ़े हैं जिनमें आपको एक खतरनाक व्यक्ति के रूप में साबित करने की कोशिश की गयी है। कहा गया है कि आप बेहद हठी महिला हैं और मुक्त प्रेम की समर्थक हैं। हम सभी आपके समर्थक जानते हैं कि जिस हाल में आप हैं, उसमें ऐसा ही होता है। ऐसी निंदा पर ध्यान ही नहीं देना चाहिए। यहाँ यह भी कहना जरूरी है कि मुक्त प्रेम की वकालत करनेवालों को भी जीने का अधिकार

है, अन्यथा पृथ्वी ऐसे लोगों के हाथों में चली जाएगी जो प्रेम की सौदेबाजी में यकीन रखते हैं।

तसलीमा, मैं जानता हूँ कि आपके अंदर इस वक्त एक तूफान मचा हुआ है। आप इस वक्त अपने को जितना कमजोर और असहाय महसूस कर रही हैं, भविष्य में आप अपने को उतनी ही साहसी और शक्तिशाली पाएँगी। आप भले ही अपने को अकेली और उपेक्षित महसूस कर रही हों, मगर असंख्य लोगों का मौन समर्थन आपके साथ है। शायद किसी अंधकार के क्षणों में आपको लगे कि आप गलती कर बैठी हैं। आपकी मृत्यु की माँग को लेकर निकलने वाले जुलूस को रोका नहीं जा सका था। लेकिन आपको सबसे पहले अपनी इन दोनों धारणाओं से मुक्ति पानी होगी। आपने कोई भी गलती नहीं की है। आपके विरोधी ही गलत हैं। आप अपनी जगह एकदम सही हैं। मुझे विश्वास है कि कभी न कभी आपके जीवन में मुक्ति जरूर आएगी।

सलमान रुश्दी

वेरनार-अंरी लेवी का पत्र

प्रिय तसलीमा नसरीन,

सलमान रुश्दी के विरुद्ध फ़तवा जारी होने के वक्त मैं उनसे वाक़िफ़ था।

मैंने, हम सभी ने उनकी अधिकांश रचनाएँ और उनकी बहुचर्चित किताब 'सैटेनिक वर्सेस' पढ़ी थी।

आपसे मेरा अभी ठीक से परिचय नहीं है। आपकी कोई अनूदित पुस्तक भी मुझे नहीं मिली है।

यहाँ जो लोग सप्ताह-दर-सप्ताह आपको लेकर नारे लगा रहे हैं उनमें से काफी लोगों को आपकी वाणी की अनन्यता या आपकी प्रतिभा के बारे में औसत जानकारी भी नहीं है।

इसलिए कुछ लोग यह जरूर कोशिश करेंगे कि आपके आदर्शों के प्रति सहानुभूति जताकर वे अपनी इस भूल को सुधार लें। 'सहानुभूति जताने' की बात इसलिए कह रहा हूँ क्योंकि किसी प्रतीक, चिह्न या किसी विशेष घटना के प्रति सहानुभूति जताने से ज्यादा असुविधाजनक और कुछ नहीं होता।

कुछ लोग एक बार फिर खीझेंगे भी कि इस बीसवीं सदी में किसी लेखक को उसके एक उपन्यास के लिए मृत्युदंड भी दिया जा सकता है। 'एक बार फिर' इसलिए कह रहा हूँ क्योंकि अगर दो-चार पहलुओं को दरकिनार कर दिया जाए, ज़ैसे कि आप एक

महिला हैं और एक इस्लामिक राष्ट्र की नागरिक हैं जहाँ की सरकार आपकी सुरक्षा के बदले खूनियों का पक्ष लेकर अदालत का सम्मन जारी करती है, आपकी स्थिति सलमान रुश्दी से ज्यादा अलग नहीं है। ऐसी स्थिति हमारे दिलों में खौफ पैदा करती है और वह खौफ हमें जड़ बना देता है—हमलोग आखिर सलमान रुश्दी के मामले में उस कड़वाहट को खत्म कर पाएँ ?'

कुछ ऐसे भी लोग होंगे जो एक प्रकार की छिपी और मूक ईर्ष्या उस लेखिका के प्रति महसूस करेंगे जिन्होंने सिर्फ एक किताब लिखकर ऐसी हलचल पैदा कर दी है।

हमलोगों ने यह भी पढ़ा है प्रिय तसलीमा नसरीन कि बंगाली मौलवियों ने धमकी दी थी कि आपके शहर में अगर आपको उनके हवाले न किया जाए तो वे पूरे शहर को बद्दुआओं से लाद देंगे। एक औरत को लेकर इतनी ज्यादा बद्दुआएँ...एक औरत को उन्हें न सौंपे जाने के बदले में इतनी बद्दुआएँ...यह सिर्फ धमकी नहीं थी। यह एक परिदृश्य है। उससे भी बढ़कर, एक 'ऐपोकैलिप्स', एक संदेश। संदेश यह कि अंतिम अभिशाप की प्रतिध्वनि की कोई अनदेखी नहीं कर सकता।

मैं आपको यह बात बताने के लिए ही पत्र लिख रहा हूँ। लेकिन आपके भाग्य को यह चिट्ठी प्रभावित नहीं कर पाएगी।

भाग्यचक्र से मैं आपके आततायियों से थोड़ा-बहुत परिचित हूँ।

बीस साल पहले की बात है। आपके देश में लड़ाई चल रही थी, जिसे उन दिनों 'मुक्तियुद्ध' कहा जाता था। यूरोप के लोग भी मानसिक रूप से उससे जुड़ गये थे।

आंद्रे मालरो, एक वृद्ध लेखक ने बाँग्लादेश में एक अंतर्राष्ट्रीय सेना गठित करने का आवाहन किया था। मैं उनका सम्मान करता था। मेरी उन दिनों रोमांटिक होने की, सपने देखने की उम्र थी। मातृभूमि के लिए लड़नेवाले वीरों की छवि मुझे श्रद्धा से भर देती थी। मैं पूरी तौर से पत्रकार न होते हुए भी उस वक्त आपके देश में गया था। मैं उन सब पश्चिमी देशों के लोगों में से एक था, जिन्होंने सन् 1971 में सितंबर से दिसंबर तक का समय वहाँ बिताया था। युद्ध के आखिरी दिनों में मैं आपके अग्रजों के साथ ही था।

मुझे ट्रकों पर फहराते हुए उन सुनहरी और लाल झंडों की याद है, जिनके बारे में कहा गया था कि वे ही बाँग्लादेश के झंडे होंगे।

याद आते हैं मुक्तिवाहिनी के वीर योद्धा। शुरू में उन्हें प्रतिदिन पाँच कारतूस मिलते थे। नारायणगंज पर कब्जा कर लेने के बाद दस मिलने लगे। मैं उन किशोर योद्धाओं को भी नहीं भूला जो शायद बाद में मंत्री भी बने थे, साथ ही उस सुंदरी महिला सुलताना को, जो देखने में ठीक आप जैसी ही थीं।

सुलताना आज क्या कर रही हैं ? कहाँ पर होंगी ? जिन्होंने कभी बंदूक नहीं पकड़ी थी, वे सब अहिंसा में दीक्षित गाँधी के चेले कैसे होंगे ? मीरपुर की रक्षा करनेवाले अब कहाँ होंगे ? वे योद्धा कहाँ होंगे, जिन्होंने एक दिन पाकिस्तानी सैनिकों को जनता के गुस्से से बचाया था। दर्शनशास्त्र का वह छात्र कहाँ होगा जो रातभर मोर्टारों को विभिन्न लेखकों के नामों से चिह्नित करता था। कहाँ है चंद्रनाथ, जो कहता था कि युद्ध के बाद वह फिर से रवींद्रनाथ की कृतियों का अनुवाद करेगा, जिसने मेरे लिए काफी पुस्तिकाओं

का अनुवाद किया था। वे पुस्तिकाएँ दोनों बंगाल के गाँवगंज के माओ समर्थकों में लोकप्रिय थीं।

और मुहम्मद ताहा ? उसे मैंने सप्ताह-दर-सप्ताह ढूँढ़ा पर उसका पता नहीं चला। अब्दुल मतीन ? मुजीबुर्ररहमान—मुक्ति आंदोलन के जनक—जिनमें सल्वाजेर आलंद, फेलिनी और इजगोविक का सम्मिलित व्यक्तित्व नजर आता था।

आज मैं उन सबसे बात करना चाहता हूँ। करीब पच्चीस साल बाद उन्हें फिर से देखना चाहता हूँ। आपकी तरफ से उनसे बातें करना चाहता हूँ। मैं उनसे कहना चाहता हूँ कि आपका देश महान् है, छोटा और गरीब होने के बावजूद। उस देश के लोग भी महान् हैं और संस्कृति भी। उस देश की एक लेखिका के पीछे इस तरह से पड़ना क्या ठीक है ? उनकी ओर पत्थर फेंकने की ऐसी ओछी हरकत ? वह भी महाभारत, रवींद्रनाथ ठाकुर, कई संस्कृतियों के मिलनस्थल बाँग्लादेश, (जिसे मैं कभी पूरी तौर से जान नहीं पाया) तथा हिंदू-मुसलमान-यूरोपीय संस्कृति की मिलनभूमि में ? 'ज्ञान सागर' में अंतिम निर्णय का अधिकार क्या धार्मिक कट्टरपंथियों को ही मिलेगा ? दोस्तो, यह क्या हो रहा है ? यह कैसा पतन है ? यह तो धर्म पर भरोसा करने का उपयुक्त मार्ग नहीं है। अगर मुझे कहने का अधिकार हो तो यह भी कहूँगा, यह मार्ग स्मृति का सम्मान नहीं करता, यौवन का भी नहीं।

वेरनार-अंरी लेवी

नादिन गार्डिमर का पत्र

प्रिय तसलीमा नसरीन,

लेखिका तसलीमा नसरीन से मेरा परिचय नहीं है, लेकिन न्याय और अभिव्यक्ति के अधिकार के संदर्भ में मैं स्पष्ट रूप से कहना चाहूँगी कि आपकी विचारधारा और उसे अभिव्यक्त करने के अधिकार का मैं पूरा समर्थन करती हूँ। ठीक जिस तरह मैंने सलमान रुश्दी के वक्त किया था।

इस सदी के आखिरी वर्षों में हमलोग जिस घटना परंपरा से गुजर रहे हैं, उसके परिप्रेक्ष्य में रुश्दी की एक बार फिर याद आना स्वाभाविक है। यह एक उद्धत धार्मिक असहिष्णुता का युग है, जहाँ मनुष्य अर्थहीन रूप से यह घोषणा करता है कि जीवन और मृत्युदंड देने की दैवी शक्ति उसी के हाथों में निहित है। रुश्दी के विरुद्ध फतवा जारी होने के साथ ही मैंने और मेरे साथी लेखकों ने कहा था—यह सिर्फ चरम दंड का ही निदर्शन नहीं है, एक ऐसी धृष्टता का भी उदाहरण है, जहाँ सिर्फ रचनाओं के प्रकाशन में ही नहीं, लेखक के जीवन-मृत्यु पर भी दूसरों का दखल समझा जाता है। इसके पहले भी लेखक इस प्रकार के धार्मिक कट्टरपंथी गुस्से का शिकार हुए हैं। लेकिन वे लोग पश्चिमी दुनिया में ज्यादा जाने नहीं जाते थे, इसीलिए उनकी समस्याएँ हमारी दुनिया पर प्रभाव नहीं डाल पायीं। यहाँ तक कि 1988 में जब नगीव महफूज

को नोबल पुरस्कार मिला, तब हमलोगों को यह पता भी नहीं था कि उनकी पुस्तक 'हमारे मुहल्ले के बच्चे' (1959) बेरूत से प्रकाशित हुई थी और मिस्र में प्रतिबंधित थी। जिस देश में महफूज को इतना सम्मान मिला, उसी मिस्र में उनकी पुस्तक प्रतिबंधित थी।

लेखक कभी भी पूरी तौर पर सुरक्षित नहीं रहे हैं। उनमें से बहुतों को अपनी राय जाहिर करने का अधिकार नहीं था। उन्होंने जब भी उनकी धारणाओं के विरुद्ध कुछ कहा, उनका विरोध हुआ। ऐसी घटनाएँ भौगोलिक, सांस्कृतिक और भाषा की सीमा लाँघकर हर जगह एक जैसी ही होती हैं। किसी भी पुस्तक की निषेधाज्ञा पर बाधा पड़ते ही उस लेखक को उनकी धर्मोन्मादिता का शिकार होना पड़ता है। ऐसे दुराग्रही लोग नेपथ्य में अगले दृश्य का इंतजार करते रहते हैं जहाँ किताब के साथ-साथ लोग उसके लेखक की मृत्यु की भी माँग करने लगें। इस तरह की अचानक एक माँग एक ऐसे लेखक को लेकर की गयी थी जो हमलोगों का ध्यान पूरी तौर से खींचने में सफल हुए थे—वे थे सलमान रुश्दी। तभी यह बात समझ में आ गयी थी कि ऐसी घटना आगे फिर घटेगी अगर हमलोग ऐसे दुराग्रहियों को, जो किसी महान् धर्म को आतंक फैलाने वाले आंदोलन में परिणत कर रहे थे, उन्हें स्पष्ट रूप से समझा न सकें कि दुनिया की विभिन्न शक्तियाँ उनके कार्यकलापों को बर्दाश्त नहीं करेंगी। यह बहुत जरूरी है क्योंकि ऐसे फतवों की संख्या भी बढ़ रही थी। ये फतवे मौत का परवाना ही नहीं बाँटते थे, मानवाधिकार का उल्लंघन करके संबद्ध देश के बाहर भी हत्या करने का अधिकार देते थे। सलमान रुश्दी की तरह,

तसलीमा नसरीन का भी अपना कोई स्थान नहीं है, कोई देश नहीं है, जहाँ उन्हें आश्रय मिल सके। राजनीतिक विद्वेष के शिकार लोग, कम से कम किसी दूसरे देश में आश्रय तो ले सकते हैं। लेकिन धर्मांधताजनित रोष ऐसे सब देशों में फैल सकता है जहाँ उस धर्म को माननेवाले लोग रहते हैं। ऐसे लोग किसी भी सांप्रदायिकता विरोधी कानून का अस्तित्व स्वीकार नहीं करते जो उन्हें रोक सके। मृत्यु का फतवा तसलीमा नसरीन का हर जगह पीछा करेगा, जबकि बाँग्लादेश छोड़कर चले आने के बाद उनकी विपत्ति कम हो जानी चाहिए थी।

अपने देश के अलावा विश्व के अन्य देशों में भी विपत्ति की आशंका में रहना ऐसा लगता है जैसे उसके लिए पूरी दुनिया कैदखाना बन गया हो। हमारे पास तसलीमा को मुक्त करने का एक ही उपाय बचा है, और उसी तरह पाँच साल बाद भी रुश्दी को मुक्त कराने का वही उपाय है। जिन देशों की सरकारें मानवाधिकार का सम्मान करती हैं उनके लिए उचित होगा कि धर्मांध देशों की सरकारों पर एक अंतर्राष्ट्रीय दबाव बनाएँ विशेषकर अपने-अपने देश से निकाले गये लेखकों के समर्थन में। यही एकमात्र उपाय है। मानवाधिकारों पर यकीन करनेवाले देश, खासकर अमरीका को, यह समझना चाहिए कि लेखकों पर हमले उस धर्मांधता का अंश मात्र थे जो बहुत दिनों से चल रहा है। जैसे कि अल्जीरिया, नाइजीरिया या मिस्र में हो रहा है। यह संकट दरअसल पूरी दुनिया में व्याप्त है। यह कभी किसी देश में नजर आता है तो कभी किसी अन्य देश में। इस धर्मांधता का विरोध करना इस्लाम का विरोध या मुसलमानों का विरोध नहीं है। यह

तो विश्व के लोगों को धार्मिक कट्टरता से मुक्त कराने की कोशिश है, भले ही वह किसी भी धर्म के संदर्भ में हो, जिससे मानवता के नष्ट होने का खतरा हो।

'द रिपब्लिक आफ लेटर्स' पत्रिका के 8 जुलाई के अंक में मैंने तसलीमा नसरीन का एक साक्षात्कार पढ़ा था। उसी के जरिये मैं उन्हें थोड़ा-बहुत समझ सकी। उनकी दृढ़, चारित्रिक शक्ति और तीक्ष्ण चिंतन शक्ति उन्हें उस परीक्षा में भरपूर मदद करेगी जिसमें उनके लेखकीय व्यक्तित्व और नारीत्व को दाँव पर लगा दिया गया है। उनमें साहस की कमी नहीं है, फिर भी शायद वह यह बात जानकर सुकून महसूस करेंगी कि दूसरे ढेरों लेखक मित्रों की तरह चिंतन और मनन में मैं भी उनकी साथी हूँ। उनकी मुक्ति के लिए मुझसे जो भी बन पड़ेगा मैं करूँगी। जिस सत्य को हमलोग जानते हैं उसे अभिव्यक्त करने के लिए कितना कुछ गँवाना पड़ता है, इसका वह ज्वलंत उदाहरण हैं।

नादिन गार्डिमर

फिलिप सोलेर का पत्र

प्रिय तसलीमा नसरीन,

आपको बुद्धिजीवियों की प्रेरणा भरी और सहानुभूति से प्रेरित काफी चिट्ठियाँ मिलेंगी। उन चिट्ठियों में धार्मिक पवित्रता की बातें, गहरी चिंता और नैतिकता का भरपूर जिक्र होगा। लेकिन काश ऐसे लोग अगर यह समझ पाते कि क्या 'अच्छा' है, क्या 'स्वाभाविक' है और क्या 'स्वाधीन' है। ऐसे लोग उन धार्मिक कट्टरपंथियों से किस माने में बेहतर हैं जो लोग आपको बिना जाने हुए ही आपकी मृत्यु की घोषणा करते हैं। फिलहाल हमलोगों ने ऐसे चिंतकों या शिल्पियों को नहीं देखा है जो इस विषय में अपनी 'सही राय' जाहिर करते हैं, लेकिन इससे उनका कुछ बनता-बिगड़ता नहीं। उनका जीवन समस्याओं से रहित होता है, माँगपत्रों पर वे दस्तखत करते हैं और शांति, आराम और मुक्त अभिव्यक्ति के पक्ष में आवाज बुलंद करते हैं। फ़ासिज्म के लौटने की समस्त संभावनाओं के विरुद्ध वे प्रतिरोध करते हैं। ऐसे लोग इटली में (बस इतना कहना काफी होगा कि क्लिंटन से देलर तक, मितराँ से कोल तक, सभी बारलुस्कोती का छिपा उपहास करते रहे) लोकतंत्र के दुश्मनों के विरुद्ध बेहद सतर्क रहने की सलाह देकर छुट्टियाँ बिताने कहीं निकल जाते हैं। उनका नैतिक बोध और यथार्थता सब मौखिक होता है—शोषित लोगों के समर्थन में ऐसे लोग बस बातें ही करते हैं। लेकिन उनके जीवन या उनकी रचनाओं

में किसी व्यक्ति की मुक्ति का कोई स्थान नहीं होता। मेरा कहने का आशय यह है कि उनके मूल्यबोध की प्रासंगिकता सिर्फ किसी भावमूलक समष्टि के लिए होती है, वास्तविक व्यक्तिगत अस्तित्व के लिए नहीं। मेरी इस बात से आपको कोई सांत्वना मिलेगी, मुझे इसमें संदेह है।

मैं दिखावे से दूर रहता हूँ इसलिए आपसे कुछ अलग तरह की बात करना चाहता हूँ। आप एक मुक्त मन की नारी और लेखिका भी हैं, इसमें खुश होने का कोई कारण नहीं है। हालाँकि यह बात सच है कि आपकी स्थिति बेहद संकटजनक है। जो आपके पीछे पड़े हैं उनसे दूर ही रहिए। आप स्वीडन चली जाइए, वहाँ अपने मन मुताबिक रहिए, लिखिए। ऐसे लेखक हर युग में रहे हैं जिनसे देश और धर्म घृणा करता रहा। यह इतिहास चिरंतन है। ईसा, हिटलर और स्तालिन के समय में भी चिंतकों के सामने यह संकट था। आज शायद हमलोग उसी का इस्लामिक रूप देख रहे हैं। कुरान के बहाने से जिसका शिकंजा गहराता जा रहा है। यह बड़े दुःख की बात है। जो भी हो, यह घटना आपके पक्ष में ही जाएगी, यह पहले से ही तय है। (हालाँकि इसे फलीभूत होने में एकाधिक शताब्दी लग सकती है।) मूल समस्या कहीं और है। अलग-अलग स्थानों में होती रहनेवाली ऐसी विध्वंसी घटनाओं पर 'गहराई' से विचार करने की है। शिकारी इसी का फायदा उठाते हैं। गंभीरता, यथार्थ या आरोपण, समष्टिगत विद्रोह, प्रतिरोध का आवाहन, तिक्तता—इन सबके पीछे, असली बात है, समाज शहादत चाहता है, भले ही कितना आधुनिक और उन्नत समाज हो। 'मगर शहीद नहीं मानता' वाल्तेयर ने अपने मित्र कंदर से या अलँबेयर को यही बात लिखी थी। हमलोग इसीलिए आज भी वाल्तेयर को पसंद

नहीं करते। (उन्हें याद जरूर करते हैं, पर पसंद नहीं करते।) धर्म आत्मबलिदान, शहादत, या प्रतीकात्मक मृत्यु नहीं चाहता। यह धर्म का अपमान है। पृथ्वी के सभी धर्म प्रचारकों की नजरों में जघन्यतम अपराध है। आपको किसी भी देवता के लिए मौत को गले नहीं लगाना पड़ रहा है। किसी भी स्त्री या पुरुष के अधिकारों की रक्षा के लिए भी नहीं। आपको पश्चिमी दुनिया की नजरों में नायिका भी नहीं बनना है जहाँ आपके शुभचिंतक सरकारी अफसर प्रचार अधिकारियों के साथ मोर्चा बनाते हैं। हमलोग दूर से आपके मामले पर चर्चा करते रहते हैं लेकिन किसी प्रयोजनवश नहीं। आप सभी के लिए एक उदाहरण कायम रखेंगी, इसलिए भी नहीं। ऐसा होने पर तो यह सब कुछ उसी प्राचीन धर्म आधारित आतंक का पुनर्जागरण ही कहा जाएगा, जिसे सलमान रुश्दी भी मानते हैं। आर्थिक सहायता, पैसेज राइट्स, सुरक्षा—यह सब हम आपको देंगे। मगर सिर्फ बातों से तो यह नहीं होनेवाला। और यह सब मानवीयता के लिए किया जा रहा है, ऐसा भी नहीं है। इन सबका मजाक उड़ाना या एक प्रकार की जिद्दी अनिच्छा से इन्हें ग्रहण करना कितना उचित या अनुचित है। बड़े-बड़े लेखकों की सहानुभूति से आपको क्या मिलनेवाला ? अगर वे लोग खूबियों और उनकी धमकियों के आगे झुक न जाएँ। तो फिर वे सत्य की रक्षा कैसे करेंगे। हिंसा का जो अत्याधुनिक यंत्र चलना शुरू हुआ है, वे लोग आखिरकार उसी के भागीदार बनेंगे। नीतिबोध, गुरुत्व, सहानुभूति, आवेगभरी घोषणाएँ, दुःख की अभिव्यक्ति, दान, प्रामाणिकता इस सबकी कोई जरूरत नहीं। जरूरत ऐसी धमकियों को दृढ़ता से नकारने की है। मैं अल्बेयर कामू, आंद्रे मालरो, अलेक्जेंडर सोल्जेनित्सिन का आदर करता हूँ लेकिन भरोसा वाल्तेयर पर करता हूँ। वाल्तेयर धर्मान्धता

से घृणा करते थे, मगर डरते नहीं थे। डर का अर्थ है उसे ज्यादा महत्त्व देना। उसकी चुनौती के आगे आत्मसमर्पण करना।

प्रिय तसलीमा, पश्चिमी देशों में प्रतिष्ठान तथा संवाद माध्यम किसी भी लेखक को तब तक महत्त्व नहीं देते जब तक वह खुद 'गंभीर' नहीं होता। अर्थात् जब तक वह लेखक हमारे समाज के बृहत् सपने का भागीदार नहीं होता। ये ही सपने भविष्य में उन क्षेत्रों को भी प्रभावित करेंगे जहाँ कुरान को केन्द्र में रखकर मूल्यबोध गढ़े जाते हैं। हमलोग उनसे अपने यहाँ के कुरान को भी पढ़ने का आग्रह कर सकते हैं जिसमें श्रेष्ठता, नैतिक बोध, मानवाधिकार, आदर्श और जनकल्याण पर भरोसा प्रमुख होता है। हालाँकि यह याद रखिएगा, यही सत्य नहीं है। यहाँ भी हत्याकारी हैं, (जैसे कि अल्जीरिया में); चारों तरफ प्रचंड बेईमानी भी है। कैटेचिसम और कुरान के हुक्मनामे पर हम लोग आपसे कह रहे हैं कि दरअसल, अब आप शहीद हो जाइए। आप हमलोगों को कुछ चिंतनपरक वाणी सुनाइए। आपका जीवन संकट में है, लेकिन हमलोग और कुछ नहीं सोच रहे हैं। आखिरकार घटनाचक्र ऐसे ही चलता रहेगा। हालाँकि यह बात कहना उचित नहीं है, मगर मैं कह रहा हूँ। आप विद्रोही हैं, हठी हैं। आप जो भी हों, जहाँ भी क्यों न रहें, आपको ऐसे ही रहना है। मैं इस पत्र में आपके इसी रूप के बारे में सोच रहा हूँ। आप किसी का यकीन मत कीजिए। किसी पर भरोसा मत कीजिएगा। अपनी सुरक्षा आपको खुद करनी होगी।

फिलिप सोलेर

रशीद मिमूनी का पत्र

प्रिय तसलीमा नसरीन,

आपके भविष्य के बारे में चिंतित आपका यह अपरिचित दोस्त आपको यह पत्र लिख रहा है। इस सदी के अंत में विभिन्न प्रकार की असहिष्णुताएँ अपना सिर उठा रही हैं। हमलोग मानो आदर्श के पतन को रोकने के लिए इसके गवाह बन रहे हैं। अफ्रीका के एक छोटे से देश खाँडा में आदिवासियों के जातिगत संघर्ष ने ऐसा विकराल रूप ले लिया है कि एक जाति के एकदम नष्ट हो जाने के खतरे को देखकर भी हम कुछ नहीं कर सकते। बोस्निया में विशुद्ध जातीयता की जिद सभी को विध्वंस की ओर लिये जा रही है। भूतपूर्व कम्यूनिस्ट देशों में नव नाजीवाद का उदय हो रहा है। इटली में नव फासिस्ट वहाँ की सरकार बनाने में हिस्सेदार हैं। मुसलिम देशों में धार्मिक कट्टरपंथी ताकतें विनाशकारी खेल में लगी हुई हैं। रुश्दी के विरुद्ध खुमैनी के फतवा जारी होने के बाद उसकी देखादेखी जैसी हवा बह रही है, आज आप भी उसकी शिकार हो गयी हैं। अल्जीरिया में एक खूनी आक्रोश अपना सिर उठा रहा है। वहाँ करीब तीस चर्चित बुद्धिजीवियों को खत्म करने की योजना बनी है। तुर्की के जिस होटल में चर्चित लेखक ठहरे थे, उसमें आग लगा दी गयी है। मिस्र में भी यही हाल है। ईरानी सेनाओं की सहायता से सूडानी सेना दक्षिण के ईसाइयों और

विद्रोहियों की हत्या कर रही है।

मुसलमान बुद्धिजीवी अभी भी निहाई और हथौड़ी के द्वंद्व में फँसे हैं। अगर वे अपने देश में लोकतंत्र की अनुपस्थिति और अनैतिकता पर सवाल उठायेंगे तब सत्ता के दबाव से उन्हें खामोश करा दिया जाएगा। अगर वे लोग बर्बर प्रथा की वापसी के अन्याय के विरुद्ध आवाज बुलंद करेंगे तो शायद उन पागल धर्मांधों के हाथों मरना पड़ेगा। इस्लामी देशों के शासकों को पता है कि उनका सबसे बड़ा दुश्मन इस्लामी धार्मिक कट्टरपंथी ताकतें ही हैं। ये ताकतें देश को क्षमता हासिल करने के एक माध्यम के रूप में इस्तेमाल करती हैं। इसीलिए बुद्धिजीवियों के हाथों में सत्ता आने के बावजूद वे वैधता के अभाव में अपने को लाचार महसूस करते हैं। यह वैधानिक कमी और हजारों उग्र धार्मिक कट्टरपंथियों द्वारा किसी भी समय सड़क पर उतरने की धमकी, आखिरकार उन्हें समझौते के लिए विवश करती है। आपके साथ घटी घटना भी इसी का एक बेहद अफसोसनाक उदाहरण है।

ऐसी विपत्ति के सामने पड़ने पर अधिकांश पश्चिमी बुद्धिजीवियों में एक विचित्र प्रकार की दुविधा नजर आती है, जिसे साहित्य-संस्कृति के प्रलेप या शब्द क्रीड़ा के जरिये वे अभिव्यक्त करते हैं। अगर वे अखबारों में प्रकाशित किसी अपील के पक्ष में अपनी आवाज उठाते हैं तो उसके पीछे अपने नाम का प्रचार ही प्रमुख होता है, उस घटना के पीछे सहानुभूति उतनी नहीं होती। साहित्य जीवन की छोटी-छोटी घटनाएँ उन्हें जितनी आंदोलित करती हैं, खाँडा या बोस्निया की घटनाएँ उतनी नहीं। वे चाहे जो कहें या लिखें, वे जानते हैं कि उनके जीवन को इससे कोई खतरा नहीं

होगा। बल्कि वे महसूस करते हैं कि तीसरी दुनिया के बुद्धिजीवियों को अपनी भाषा में थोड़ी सतर्कता भी बरतनी चाहिए।

प्रिय तसलीमा, आज आप असहिष्णु मानसिकता के विरुद्ध विद्रोह की एक प्रतीक बन गयी हैं। हमलोग आपकी इस लड़ाई में आपका साथ देना चाहते हैं।

मुझे लगता है, इस दुनिया के लाखों लोगों की तरह आपको भी मेरी आंतरिक सहानुभूति की कोई जरूरत नहीं है।

रशीद मिमूनी

लैला सब्बार का पत्र

नारी, ज्ञानी और जादूगरनी,

लड़की होकर पैदा होना क्या विपत्ति में जन्म लेना होता है या किसी को विपत्ति में डालना ?

मुझे लगता है तसलीमा नसरीन के देश में अकेली महिला होना बेहद असुरक्षित, मौत का खतरा उठाने के समान है। बाँग्लादेश में पुरुष समाजवादी व्यवस्था और इस्लाम एकसाथ मिलकर औरतों पर तरह-तरह के धार्मिक और जैविक नियमों का बोझ लादते जा रहे हैं। तसलीमा नसरीन ने इन्हें मानने से इनकार किया। इस्लामिक देश की पढ़ाई-लिखाई के बावजूद उन्होंने अपना दिमाग खुला रखा है। उन्होंने अपने अस्तित्व की रक्षा और स्त्रियों के संपूर्ण अधिकारों की रक्षा के लिए साहित्य और डाक्टरी को चुना है। कुरान के निर्देशों की वह इसलिए अवज्ञा करती हैं क्योंकि वे स्त्रियों को जन्म से लेकर मृत्यु तक समाज में बराबर का भागीदार नहीं बनातीं।

स्त्री देह की पवित्रता को नियंत्रित करने के लिए, सामाजिक उच्छृंखलाओं को रोकने के लिए, सभी देह को तमाम पर्दों से ढके रखने के लिए कुरान की शुरू से ही दुहाई दी जाती रही है। विश्वास पर आधारित पवित्र दृष्टि पर एक बंधन लगा दिया गया है।

सामाजिक रीतियों के अनुसार दूसरे के अधीन न रहनेवाली लड़की को बुरी लड़की कहा जाता है। किसी लड़की को मारने

का मतलब इसमें मौजूद विद्रोहिणी और वेश्या को खतम करना समझा जाता है। पाश्चात्य और पूर्व के इतिहास में जिन स्त्रियों ने परंपरागत सामाजिक नियमों का उल्लंघन किया है उन्हें ढूँढ़कर मार देना ही जैसे प्रथा बन गयी है। किसे नहीं पता कि एक बुद्धिमती कुँवारी लड़की भी अगर अपनी मर्जी से माँ के घर की देहरी पार करती है तो उसे पागल बना दिया जाता है ?

हमलोग सहज ही स्त्रियों को प्राकृतिक रूप से प्राप्त अधिकारों से वंचित रख सकते हैं। हजारों वर्षों से प्रचलित जिन नियमों को दैब शक्ति के समर्थकों ने समाज और दुनिया की सुविधा के लिए कायम कर रखा है, उसे किसी भी स्त्री पर लादा जा सकता है।

लेकिन किसी ज्ञानी लड़की के क्षेत्र में ?

तसलीमा नसरीन और अन्यान्य बुद्धिमती लड़कियों के लिए विपत्तियाँ मुँह बाये खड़ी रहती हैं। आदिम सामाजिक और गृहस्थ धर्म के अनुसार उनके दिमाग को बदलने की कोशिश की जा सकती है, या फिर सारी दुनिया में उनकी मौत के लिए शोर मचाया जा सकता है।

ज्ञानी लड़की की हत्या करना ही श्रेय है।

ऐसी ज्ञानी लड़की, ऐसी जादूगरनी के विरुद्ध एक किस्म के भयवश फतवा जारी कर दिया जाता है। जो लड़की इसे भूल नहीं पाती कि उसके पास भी सोचने की क्षमता है, मौत उसका पीछा करती रहती है। लिखना-पढ़ना-सोचना, समझना, बहस करना, जीतना...जिस बात को कोई और करने या कहने का साहस नहीं जुटा पायी उसे उन्होंने कहा। अथवा उनके साथ के लोग जिस बात की कभी कल्पना भी नहीं कर पाये उन्होंने वह कर दिखाया।

तसलीमा का यही उद्देश्य है। वह इसीलिए नितांत अकेली हैं। विदेश में वह और कितने दिन निर्वासन का दंड भोगेंगी ?

नारी, ज्ञानी और विद्रोही
नारी मुक्त सुंदरतम
तभी एक पुस्तक बनता है बम। और
नारी बन जाती है गोला-बारूद।

लैला सब्बार

पियेर मेर्तन्स का पत्र

प्रिय तसलीमा नसरीन,

मैं आपकी कई तस्वीरों के बारे में सोच रहा हूँ। कुछ दिन पहले वे कुछ पाश्चात्य पत्र-पत्रिकाओं में छपी थीं। उनमें से कुछ तस्वीरों में आप खुश नजर आ रही थीं, लग रहा था आप 'कुछ हद तक' खुश हैं। अन्य तस्वीरों में आप गंभीर, चिंतक लग रही थीं। लेकिन सभी तस्वीरों में आपकी आँखें निःसंकोच खुली हुई थीं...(आप क्या देख रही थीं ? मुस्लिम देशों की लड़कियों के हालात ? अपने देशवासियों का भविष्य, या आपका अपना भाग्य ?)

आप यह मत सोचियेगा कि आपके चेहरे को इस तरह से परखकर मैं आपके नारीत्व की अमर्यादा कर रहा हूँ...मैं तो सिर्फ यह समझने की कोशिश कर रहा हूँ कि आपकी दृष्टि से आपके बारे में क्या जाना जा सकता है !

ज्यादातर देशों में आगामी हेमंत काल के पहले आपकी रचनाएँ प्रकाशित नहीं होंगी। आपके लेखन का विषय क्या है इसके बारे में मैंने सुना है, लेकिन उन्हें प्रस्तुत कैसे करती हैं इसे मैं नहीं जानता। सलमान रुश्दी की तरह आप भी विख्यात हुई हैं। और यह भी आपकी रचनाओं से सबके परिचित होने के पूर्व ही। अब रुश्दी की तरह ही, शायद लोग आपको अपनी सत्ता में ग्रहण नहीं

करेंगे, अर्थात् लेखक की सत्ता में...

हमलोग चर्चित हो सकते हैं...या उस अर्थ में बिना चर्चित हुए भी जीवित रह सकते हैं...लेकिन आपके संभावित हत्याकारियों की ढाका सरकार जो सहायता कर रही है उससे उस देश की असंगत अवस्था और कुख्याती का परिचय मिलता है। आपकी अपनी बात कहने के अधिकार के विरुद्ध लड़ाई छेड़कर, अर्थात् आपके व्यक्तित्व के सबसे पवित्र पक्ष के विरुद्ध होकर, बाँग्लादेश सरकार ने आपकी ओर खास और आम लोगों का ध्यान काफी हद तक आकर्षित किया है। लेकिन यह काम एक विचित्र 'उज्ज्वल' कलंक की छाया में आपको ढककर किया गया है। शायद पुण्य के प्रति पाप का यह श्रद्धा निवेदन एक लेखिका को प्रलुब्धकारिणी के रूप में प्रतिपन्न करता है, वर्जिता आत्मबलिदानकारिणी के रूप में भी। इसी बात से ही आपकी तस्वीरों को बार-बार देखने और सोचने की इच्छा पैदा होती है–'ये एक लेखिका की तस्वीरें हैं, एक ऐसी नारी की, जिसने सारी दुनिया की गोपनीय बातों को शब्दों के जरिये कलमबद्ध किया है।'

हमलोगों ने आपकी तुलना रुश्दी से की है। एक तरफ जो आपको छायावृत्त करता है, वही दूसरी तरफ आपके अनन्य व्यक्तित्व को उभारता भी है। नारी, बाँग्लादेश की एक नागरिक, चिकित्सक; मगर मुख्य रूप से कवि-उपन्यासकार के रूप में आप ज्यादा जानी जाती हैं। सिर्फ यही सोचा जाय कि आपने एक उपन्यास लिखा था–'लज्जा', और वह महज दुर्घटना नहीं थी। यह हैरत की बात है कि एक दिव्यतांत्रिक शासन व्यवस्था, जो खूनियों की मदद करती है, 'लज्जा' को सिर्फ एक काल्पनिक कहानी के रूप में देखती

है। मगर यह काल्पनिक उपन्यास ही धर्म की अवमानना का दस्तावेज भी बन गया है। इस युग में जब किसी भी आवाज कों गैर महत्त्व का प्रमाणित किया जा सकता है, ऐसी दशा में इसे क्या आपात् विरोधी घटना माना जाय ?

प्रिय तसलीमा, आश्वस्त रहिए। हममें से काफी लोग आपको 'बचाने' की कोशिश करेंगे। आपकी कृतियों को भी अब मन लगाकर पढ़ने की कोशिश की जा सकती है, उससे आपको समझने में मदद मिलेगी।

हमलोग आपके लिए प्रतीक्षा कर रहे हैं।

पियेर मेर्तन्स

सुजान संटाग का पत्र

प्रिय तसलीमा नसरीन,

आप स्वीडन पहुँच गयी हैं, अभी एक घंटा पहले मुझे यह खबर मिली। कहना न होगा बहुत निश्चिंत महसूस कर रही हूँ। इतने दिनों तक मैं आपके बारे में बेहद चिंतित थी, यह कहना भी कम ही होगा। आपके संकट की बात मुझे करीब दस महीने पहले पता चली। तब से लेकर आज तक प्रतिदिन आपके बारे में सोचती रही हूँ। आपके लिए उद्विग्न रही हूँ। जिन महाबलियों ने आपको निर्वासन में भेजा है, उनके विरुद्ध शिकायत भी दर्ज की है।

फिलहाल आप इस वक्त संकटमुक्त हैं, या कहूँ तो पहले की अपेक्षा सुरक्षित हैं। लेकिन जिस अंध आदर्शवाद से प्रेरित होकर जो लोग आपकी हत्या करना चाहते हैं, उनके हाथ बहुत लंबे हैं। सलमान रुश्दी का भाग्य ही इस बात को प्रमाणित करता है। मगर स्वीडन आपके लिए उपयुक्त जगह है। मुझे विश्वास है कि वहाँ के लोगों ने अपना प्यार और समर्थन देकर आपका स्वागत किया होगा।

आप जैसी एक लेखिका और स्पष्ट विचारधारा वाले व्यक्ति के लिए अपने देश में कोई जगह नहीं है, यह हकीकत है। मेरी दृष्टि से यह एक घृणित अपराध है। अपने प्राण बचाने के लिए

आपको एक दूसरे देश में आने के लिए विवश होना पड़ा। बाँग्लादेश और स्वीडन—दोनों ही एकदम भिन्न देश हैं। दो देशों के बीच जितनी भिन्नता संभव है, उतनी ही। सिर्फ घूमने के लिए स्वीडन जाने के अलावा शायद आपके दिमाग में और कोई बात नहीं रही होगी। लेकिन वहाँ जाने के लिए आप विवश हुईं। आपका अपराध है कि आपने एक उपन्यास लिखा है और एक साक्षात्कार में कुछ संयत और तर्कसंगत टिप्पणी की थी। सिर्फ इसी कारण अपने देश में ही आपको हमेशा मौत के साये में जीना पड़ रहा था, जबकि आप अपने देश में ही रहने की इच्छुक रही होंगी। मुझे भी लगता है—किसी भी लेखक को अपने देश में रहने का अधिकार होना ही चाहिए।

आपकी इस घटना को एक नये प्रकार के दंड की दृष्टि से देखा जा रहा है। ऐसा दंड अप्रतिरोध्य होगा जिसका असर दूरगामी होगा। ऐसा ही दंड सलमान रुश्दी को मिला। वह पिछले पाँच वर्षों से हथियारबंद पहरेदारों की छाया में अपने को छिपाकर रहने के लिए विवश हैं। उन्होंने 'द सैटेनिक वर्सेज' नामक एक उपन्यास लिखा था। उपन्यास का विरोध करते हुए लेखक के विरुद्ध ही मृत्युदंड का फतवा जारी कर दिया गया। पिछले साल आपने भी 'लज्जा' नामक उपन्यास लिखा। यह किताब आपके देश में प्रकाशित होने के थोड़े दिनों में ही निषिद्ध कर दी गयी। कुछ समय बाद आपको ईश्वर निंदा के अभियोग का अभियुक्त बनाया गया। आपके विरुद्ध काफी लोगों ने शोर मचाना शुरू किया। ये लोग आपकी मृत्यु चाहते हैं। मगर सलमान रुश्दी और आपकी परिस्थिति में थोड़ा फर्क है। आपको आतंकित करनेवाले आप ही

के देश के नागरिक हैं। आपके देश–बाँग्लादेश के राजनैतिक क्षमतासंपन्न लोग ही आपको दोषी ठहरा रहे हैं, जबकि ब्रिटिश नागरिक सलमान रुश्दी को ईरान के एक धर्मगुरु ने मृत्युदंड सुनाया था। ईरान के साथ रुश्दी का कोई संपर्क ही नहीं है। लेकिन आपके विरुद्ध अभियोग वही है कि धार्मिक लोगों की धार्मिक अनुभूति को आप दोनों ने 'चोट' पहुँचायी है।

मैं सिर्फ आपकी सहकर्मी लेखक ही नहीं हूँ, आप मानव जाति की जिस आधी दुनिया का अंश हैं, मैं भी उसी आधी दुनिया का एक अंश हूँ। इसीलिए आपकी स्थिति के प्रति मैं विशेष रूप से संवेदनशील हूँ। हम दोनों ही नारी हैं। आप सिर्फ लेखिका के रूप में दंडित नहीं हैं, नारी होने के कारण भी दंडित हैं। हालाँकि बीसवीं सदी की मुस्लिम दुनिया में नारी के सम्मानजनक परंपरा की आप भी उत्तराधिकारिणी हैं। मिस्र की लेखिका नावाल एल सदाउई भी पेशे से आप ही की तरह ही डाक्टर हैं। उन्होंने भी नारी जाति के शोषण और पीड़ा के विरुद्ध शिकायत करते हुए काफी पुस्तकें लिखी हैं। यह घटना कई दशक पहले की है। इसीलिए आपने ऐसा कुछ नया दावा नहीं किया है। यह तथ्य शायद आपके हित में जा सकता है।

आपको परेशान करने के पीछे सिर्फ एक किताब जिम्मेदार नहीं है। यहाँ तक कि धर्म भी नहीं है। आपके और सलमान रुश्दी के जीवन में जो घटना घटी है, ऐसी घटनाएँ नित्य अल्जीरिया, मिस्र, सीरिया, ईरान, इराक आदि देशों में घटती रहती हैं। वहाँ असंख्य लेखकों और पत्रकारों पर अत्याचार हो रहे हैं। उनकी हत्या भी की जा रही है। ये सब तथ्य हमलोगों के लिए प्रायः अनजाने

ही हैं। इस सबकी जिम्मेदार राजनीति ही है। आपके साथ भी जो हुआ वह ऐसी ही एक राजनीति का प्रतिफल है। बाँग्लादेश में जिन सभी राजनैतिक दलों के कारण आपकी क्षति हो रही है, वैसे ही दल दूसरे देशों में भी हैं। ऐसे ही दल अभी भी रुश्दी की हत्या के लिए इंग्लैंड में कमांडो भेजने के बारे में सोचते हैं। आज की 'जनता की राजनीति' शब्द का असली अर्थ है—बेहद सस्ते, अस्पष्ट और जटिल नारों के जरिये आम जनता को 'लड़ाई के लिए' प्रस्तुत करना। ऐसे राजनैतिक दल जिनपर हमला करना चाहते हैं उन्हें वे 'पिशाच' के रूप में प्रचारित करते हैं। इसी तरह वे 'डाइनों' को भी ढूँढ़ते हैं। ऐसे ही सस्ते उपायों से अत्याचार की राजनीति करके वे अपनी सत्ता प्राप्त करते हैं। नारी पर अत्याचार समाज के दमन को प्रतिफलित करता है। आपके यहाँ मौके की तलाश में रहनेवाले कुछ नेताओं ने आपको ईश्वर निंदा के आरोप में अभियुक्त ठहराया है। वे अपने स्वार्थवश ही आपके पीछे पड़े हैं। इसके फलस्वरूप आम जनता अपने अत्याचारों और शोषण के कारणों को भूलकर किसी अन्य मुद्दे पर उलझ जाएगी। राजनीति करनेवालों की अपनी अक्षमता इस तरह दब जाती है।

आपके विरुद्ध अभियोग है कि आपने कुरान के संशोधन की माँग की है। लेकिन यह अभियोग झूठा है। (आश्चर्यजनक भी है। जिस ग्रंथ ने इस विश्व धर्म की सृष्टि की है, उसके मूलपाठ के संशोधन की माँग का कोई मतलब होता है ?) पिछली कई सदियों से रीति-रिवाजों के बारे में कुछ नियम-कानून संकलित और लिपिबद्ध होते रहे हैं। आपने उन्हीं के संशोधन की सिफारिश की है। अन्य कानून और नियमों की तरह इन्हें भी संशोधित किया

जा सकता है। लिहाजा आपके विरुद्ध जिस तरह ईश्वर निंदा का अभियोग लाया गया है, वह एकदम बेमानी है। आपको अगर नियमों के तहत भी 'ईश्वर निंदाकारी' कहा गया होता, तब भी मैं आपका समर्थन करती। मैं आपके शरीयत संशोधन की माँग का समर्थन करती हूँ। अर्थात् मैं मानव जाति के उस अर्द्धांश की स्वतंत्रता की माँग करती हूँ, जिसके अंतर्गत हम दोनों ही हैं। बाँग्लादेश में जब तक स्त्रियों की हालत नहीं सुधरेगी तब तक वहाँ पर नारी-प्ररूप की समान मर्यादा का समाज नहीं बनेगा। एक समदर्शी पक्षपातहीन समाज का गठन संभव नहीं होगा।

आपके विरुद्ध जो हुआ है वह नारी विद्वेष का उदाहरण है। यह सिर्फ विद्रोही लेखकों को पीड़ित करने का उदाहरण नहीं है। यह पीड़न अब बीसवीं शताब्दी की एक अति 'उन्नत परंपरा' बन गयी है। कई शताब्दी पहले यूरोप में डाइनों को दंडित करने की प्रथा थी। अब इसी तरह स्त्रियाँ भी कई इस्लामिक देशों में आक्रमण का लक्ष्य बनती रहती हैं; खासकर ऐसी स्त्रियाँ जो साहसी हैं, गुलामी का विरोध करती हैं, बड़े आत्मविश्वास से अपनी बातें कहती हैं और जो दूसरों से अलग हैं। जो स्त्री-पुरुष स्वतंत्र रूप से चिंतन-मनन में समर्थ हैं, उन्हें आपसे प्रेरणा मिलेगी।

मैं आपकी सहकर्मी हूँ। आपको मेरा उष्णतम अभिनंदन। मेरी शुभेच्छा ग्रहण कीजिएगा। आपके निर्वासित जीवन में आपकी सर्वांगीण मंगल कामना करती हूँ।

सुजान संटाग

वात इयेओर का पत्र

प्रिय तसलीमा,

मैं उन लाखों औरतों में एक हूँ जो आपको श्रद्धा करती हैं, हालाँकि आप उन्हें नहीं पहचानतीं। आप असंख्य नारियों के साथ उन्हीं की शक्ति में समरस हुई हैं। ऐसी नारियाँ आपके इस मर्यादाबोध और साहस के प्रति नतशिर हैं। ये अभागी नारियाँ निरंतर खामोश होकर अपनी बलि देती रहती हैं और बिना किसी प्रतिवाद के अपने भाग्य को मान लेती हैं। आप खुद नारी हैं, इसीलिए आपने उनकी भावनाओं और मूक शिकायत को समझा है। आपने मुँह फेरकर उदासीनता नहीं बरती, बल्कि उनकी शिकायतों को भरसक अपनी शक्ति से ग्रहण किया है। आप उन्हीं का बोझ ढो रही हैं।

अपने लेखन में उसी कष्ट और यंत्रणा की अभिव्यक्ति के लिए आप भी उसी कष्ट की भागीदार बन गयी हैं। हालाँकि, आपको खुद कभी उस कष्ट को सहना नहीं पड़ा। आप अपने चिंतन-मनन में उन्हीं का समर्थन करती रहती हैं, जो खुद अपनी बात नहीं कह पातीं और हिंस्रता की असहाय शिकार बन जाती हैं।

एक डॉक्टर के रूप में आपने रोग के निदान की कोशिश की है। सामाजिक संरचना से घृणा, कुसंस्कार तथा अंध-विश्वास

को उखाड़कर आपने स्वस्थ समाज गढ़ने की कोशिश की है। अपने को संकट में डालकर जो लोग रोगी की चिकित्सा करते हैं, आप भी वैसी ही एक निःस्वार्थ, यथार्थप्रेमी चिकित्सक हैं। अपनी इस भूमिका के कारण आपने एक महान् और साहस का कार्य किया है। इस अविचार, इस लज्जास्पद घृणित स्थिति को चुपचाप स्वीकार करके आप बड़े मजे से निश्चिंत जीवन का आनंद ले सकती थीं। लेकिन आपने उन नीरव, निष्क्रिय लोगों के साथ अपने को जोड़ना पसंद नहीं किया।

भेदभाव, कुसंस्कार और कट्टरता से नियंत्रित होकर जो लोग समाज से कुछ लोगों को बहिष्कृत कर रहे हैं आप उनकी आलोचक हैं। आपने सभी लोगों को मैत्री और एकता का संदेश देना चाहा है। अपने इस कर्तव्य को करते हुए आपने कुछ लोगों पर आक्रमण किया। जो लोग खुद ही नैतिकता का मानदंड निर्धारित करना चाहते हैं या दूसरों को फैसला सुनाने या उन्हें अपंग बनाने या उनकी हत्या करने का एकाधिकार चाहते हैं, उन्हीं लोगों पर आपने हमला किया है। अपने विरोधियों पर ये तरह-तरह से अत्याचार करके संपूर्ण रूप से उन्हें निष्क्रिय बना देना चाहते हैं। हमलोगों का दुर्भाग्य है कि ऐसी अशुभ शक्तियाँ पूरी दुनिया में, हर संस्कृति में मौजूद हैं। इन अशुभ शक्तियों की परिणति गणहत्या में होती है यानी कि आउसहित्स, गुलाग...।

प्रिय तसलीमा, अनगिनत अपरिचित नारियाँ आपको अपनी श्रद्धा और धन्यवाद व्यक्त कर रही हैं। आप अपने धर्म और देश की गर्व हैं। आपने उन सब चर्चित-अचर्चित लोगों के कंठस्वर से अपना भी कंठ मिलाया है, जो अतीत या वर्तमान युग में व्यक्ति

स्वाधीनता की रक्षा में अपना जीवन दाँव पर लगाने के लिए बाध्य हुए। उन्हें आशा है और इसका यकीन है कि भविष्य में मनुष्य जाति और ज्यादा सहिष्णु तथा उदार होगी।

—वात इयेओर

एल्फ्रिडा येलिनेक का पत्र

प्रिय तसलीमा नसरीन,

पता चला कि एक सुंदर महान् धर्म को फिर डराया गया है। और यह भी सुना है, तसलीमा, कि इस काम के लिए आप ही जिम्मेदार हैं। किसी छोटे बच्चे की तरह किसी झाड़ी से अचानक निकलकर 'हाऊँ, माऊँ, खाऊँ' कहकर धर्म को डराना तो अच्छी बात नहीं है—धर्म वैसे भी बहुत डरपोक होता है। और जाने कितने बच्चे अभी भी इसके साथ खेलना चाहते हैं। हालाँकि मैंने खुद भी अपने पूर्वतन धर्म को अर्थात् रोमन कैथोलिक ईसाई धर्म को कई बार डराया है। यह ईसाई धर्म एक ओर ढेरों महान् लोगों के महान् कर्मों से समृद्ध भी है। इस धर्म ने बीच-बीच में कुछ लोगों को थोड़ी-बहुत आग में जलाया भी है। लेकिन यह अतीत की बात है। उन दिनों ऐसे लोग भी थे जिन्हें 'ईंधन' के रूप में इस्तेमाल किया जाता था। और उसके प्रमाण स्वरूप इस युग में भी ऐसे कुछ मनुष्य रह गये हैं। लेकिन हमारे ये प्रताड़ित, सूलीबिद्ध ईश्वर जन अपने ऊँचे आसन से अपने नित्य स्मरण करनेवालों की ओर देखते हैं तब उन्हें पहचान नहीं पाते। उन्होंने तो उनकी इस तरह से सृष्टि नहीं की थी, उनका ऐसा रूप भी नहीं चाहा था, इसीलिए इनके साथ उनका कोई संपर्क नहीं है।

प्रिय तसलीमा, आपके देश में इतने लोगों की भीड़ है कि,

उस देश को लगता है कि आप जैसे व्यक्ति को अलग करके कोई फर्क नहीं पड़ेगा। एक व्यक्ति के कम हो जाने की कौन परवाह करता है। वे लोग सोचेंगे कि इस महिला ने तो हमारे धर्म का अपमान किया है, जिस धर्म को करोड़ों व्यक्ति अपने कंधों पर और करोड़ों महिलाएँ अपनी झुकी पीठों पर लादकर घूम रही हैं। धर्म की विशाल प्रतिमूर्ति से अगर कोई नारी छिटक कर गिर जाए तो उससे उसका कुछ नहीं बिगड़ता। उसे उन बोझ उठानेवाली औरतों में से किसी एक के न रहने पर लँगड़ाकर नहीं चलना पड़ता—वह बड़े आराम से आगे बढ़ता जाता है। उन सब देशों में तसलीमा, आपका या आप जैसी स्त्रियों का कोई अधिकार नहीं होता। वहाँ पर अभी भी खौफ का शासन चल रहा है। इसके बावजूद मैं विश्वास करती हूँ कि आप पर अगर अत्याचार किया जाए, तब आपका धर्म, जिसे आप न्यायसंगत रूप से अत्याचार का हथियार कहती हैं, एक पुराने ढाँचे की तरह अचानक तेज आवाज करके भरभराकर गिर पड़ेगा। इस वक्त शायद नहीं, आज नहीं, आनेवाले कल भी नहीं, लेकिन एक वक्त ऐसा आएगा जब सलमान या आप जैसे लोगों के अभाव में आज के करोड़ों धर्मविश्वासी लोगों को लगेगा कि वे उस ढाँचे के नीचे दब गये हैं। तभी उनकी समझ में आएगा कि इतने दिनों तक उन्होंने किसी पंख की तरह हल्के अंडे के आवरण के नीचे कीड़ों की तरह एक-दूसरे से सटकर झुंड में जीवन बिता दिया। वे लोग भी जो लंबे बाँस की लाठी पर चढ़कर चल रहे थे, एक दिन पाएँगे कि अपने धर्मगुरुओं के उत्तुंग मस्तक के आसपास भी नहीं पहुँच पाए। हमीं लोगों के एक कवि होल्डारलिन ने कहा है, 'मनुष्य के प्रभामंडल

से भी ऊँचा एक और प्रभामंडल है, उसी का नाम ईश्वर है।'

इस्लामधर्मी पुरुषों का कहना है कि इस्लाम ने उन्हीं के हाथों में सारी क्षमता सौंपी है। ऐसे लोग किसी दिन समझेंगे कि वे ही खुद अपने विध्वंस का कारण हैं, क्योंकि स्त्रियों से उन्होंने कभी समानता का व्यवहार नहीं किया। जबकि वे इस सत्य से वाकिफ हैं कि स्त्री-पुरुष बराबरी के हकदार हैं।

हमलोग अपनी समकालीन दुनिया में लौट चलें, जहाँ हमलोग रहते हैं। इस दुनिया में चिंतनशील लोग अपने पैरों में प्रकाश की तीव्र गति का रोलर स्केट बाँधकर 'इंटरनेट' पर संगृहीत विशाल तथ्य संभार के प्रशस्त मोटर मार्ग से दुर्दमनीय गति से भाग रहे हैं। इसकी कोई कीमत भी नहीं चुकानी पड़ती। ढेरों विचार गोष्ठियों, विशेषकर नारी जागरण आंदोलन के समर्थकों की सभाओं में, आपकी चर्चा होती रहती है। 'इंटरनेट' से युक्त ये आधुनिक 'नर्तक' आँधी की गति से अपनी सोच को कंप्यूटर में टाइप करने के बाद 'इंटरनेट' के रास्ते से तीव्र वेग से प्रवेश करके आपके बारे में बहस करते हैं। मेरे सामने एक नाम है, मेल विश्वविद्यालय के नौनिहाल सिंह का, जो पुरुष है या स्त्री मुझे पता नहीं, वह नृत्य-भंगिमा में कूदकर हाजिर हुए हैं और पूछ रहे हैं कि भारत आपको भागने में सहायता क्यों नहीं कर रहा है, 'रॉ' भी पलायन में क्यों नहीं सहायता कर रहा है, उनको तो बाँग्लादेश में घुसने और निकलने के सभी रास्तों की जानकारी है। यह सज्जन बेहद खीझकर फिर टिप्पणी कर रहे हैं कि उनका सुझाव शायद माना नहीं जाएगा क्योंकि 'रॉ' के लोग शायद सिखों पर अत्याचार के लिए अन्यत्र इतने व्यस्त हैं कि इधर उन्हें ध्यान देने की फुर्सत नहीं है। विशाल

बाजार में एक कंठ स्वर सुनायी दे रहा है–यह बाजार हम लोगों का है और प्रिय तसलीमा, आपकी भी यह दुनिया है। इसलिए इस युग में हमारे सोच-विचार, धारणाएँ सिर्फ मुक्त ही नहीं हैं, उनकी हर जग़ह अबाध गति है। वे बाजार की दुकानों में खुद को प्रदर्शन की वस्तु के रूप में पेश कर सकते हैं। कोई भी खरीदार उन्हें अपनी इच्छानुसार छू कर देख सकता है, अपने साथ ले जा सकता है या अभी इसमें पूरी परिपक्वता नहीं है यह सोचकर लौटा भी सकता है; मगर यह विक्रय वस्तु हमारी बेरोकटोक पहुँच में है। कोई अगर सड़कर नष्ट हो गयी चिंतन दृष्टि को दूर फेंक दे, जातिविद्वेषभरी अथवा मनुष्य के प्रति अवमाननासूचक कोई प्रतिक्रिया व्यक्त करे और उसकी वह चिंतनधारा प्रमुखता से प्रचारित हो जाए, आप तय समझिए कि उसी क्षण खूनी मछलियों का एक झुंड उस व्यक्ति को खाने के लिए चल देगा, भागते हुए उस व्यक्ति को घेरकर पकड़ लेगा और उसे खत्म कर देगा। यह बृहत् बाजार आत्मनियंत्रण में सक्षम है। जो लोग कुछ कहना चाहते हैं उनके लिए समस्त तथ्यों का नेटवर्क उनकी पहुँच में सुलभ है। यह एक ऐसा युग है जिसमें हमलोग एक-दूसरे से जुड़े हुए हैं। हमलोग कुछ भी कहने में समर्थ हैं और हमें सबकुछ कहने दिया जाता है। ऐसे युग में आपका मुँह बंद करने की और आपका जीवन (सोचने की और जीवन धारण करने की स्वतंत्रता एक ही बात है) खत्म करने की कोशिश चल रही है। यह कोशिश कुछ गुरुगंभीर दाढ़ीवाले पुराने व्यापारी चला रहे हैं, जिन्हें व्यापार और बाजार की छोटी से छोटी चीज की भी पूरी जानकारी रहती है। इसीलिए एकदम निषिद्ध वस्तुओं, जैसे पोर्नोवीडियो फिल्म आदि वे लोग काउंटर

के नीचे छिपाकर रखते हैं। उपयुक्त मूल्य मिलते ही कोई भी निषिद्ध वस्तु बेच दी जाती है, मुझे इसमें कोई शक नहीं है।

प्रिय बांधवी (इस संबोधन का अधिकार मुझे है तो ?) मगर आपने किसी भी काउंटर के नीचे अपना कोई और जीवन छिपाकर नहीं रखा है। आपका एक ही चेहरा है, जिसे आपने सबके सामने रखा है। आपका यह जीवन विक्रय के लिए नहीं है, हालाँकि बाजार में इसकी बोली लग चुकी है। कभी यहाँ पर हमारे ईश्वर की कीमत सिर्फ तीस चाँदी के सिक्कों में लगी थी। आजकल के किसी भी समृद्ध देश की मुद्रा में उन दिनों की तीस चाँदी के सिक्कों की कीमत कितनी आँकी जाएगी, पता नहीं। तसलीमा, आप और भी मूल्यवान हैं। आपका जीवन मूल्य है। मैं आपको श्रद्धा करती हूँ। आप सत्यभाषिणी हैं, इस बात को तथा और भी सारी बातें कहने का मुझे अधिकार है, इसीलिए मैं कह रही हूँ। आपको मैं अपना आलिंगन और शुभकामनाएँ जता रही हूँ।

ईश्वर, कौन है मुझे पता नहीं, मगर वे कोई हैं जरूर, क्योंकि उन्हें केंद्रित करके ही तो इतनी सारी बहस है। वही ईश्वर आपकी रक्षा करें।

आपकी

एल्फ्रिडा येलिनेक

एरिख लैस्ट का पत्र

प्रिय तसलीमा नसरीन,

एकबार मुझे कुछ महीने तक जेल के निर्जन कक्ष में रहना पड़ा था। सुबह और दोपहर को कैदियों का एक झुंड मेरे दरवाजे के बगल से काम करने जाता था। उनमें से एक मेरा पुराना साथी था। उसे किसी तरह से पता चल गया था कि मैं इस कमरे में बंद हूँ। एक दिन वहाँ से गुजरते समय उसने धीमी आवाज में मेरा नाम लेकर पुकारा—'एरिख !' मुझे बहुत साफ सुनाई पड़ा। जवाब में मैंने हथेली से दरवाजे पर प्रहार किया। बाहरी दुनिया से आखिरकार कोई अभिवादन मेरे कानों तक पहुँचा था। एक और बार, कई लोगों से होती हुई एक और खबर मेरे कानों में आयी। पश्चिमी जर्मनी के साहित्यकारों ने मेरी गिरफ्तारी के विरुद्ध आवाज उठायी थी। इन लोगों में प्रमुख थे—करोला, स्टर्न, इल्स स्पिट मान, गेर हर्ट त्सेहरेंस। हमवुर्ग में 'पेन' काँग्रेस के दौरान राइस राइनिक ने, जर्मन डेमोक्रेटिक रिपब्लिक से आये सहकर्मियों से हारिस और ल्योस्ट के बारे में पूछा था और यह जानना चाहा था कि हमलोगों को जेल से छुड़ाने के लिए वे लोग क्या कर रहे हैं। वाउत्सेन की चारदीवारी में कैद रहने के दौरान इन समाचारों ने साँस लेने के लिए मुझमें खुली हवा का संचार किया था।

आशा करता हूँ कि तसलीमा नसरीन को भी खबर मिलेगी

कि जर्मनी के लेखक उनके लेखन की स्वाधीनता और उनकी व्यक्तिस्वाधीनता को कायम रखने के लिए सक्रिय हो गये हैं। अब भविष्य में जब पुरुष प्रदर्शनकारी बाहर खड़े होकर 'तसलीमा को फाँसी दो' का नारा लगायेंगे तब एक खबर उनमें नयी शक्ति का संचार करेगी। खबर यह है—इस दुनिया के अनेक देशों में तसलीमा का नाम एक प्रतीक बन गया है।

मैं यह भी आशा करता हूँ कि मेरे देश के राजनीतिक बाँग्लादेश के शासकों को अपनी शिकायत दर्ज करायेंगे। संप्रति ली पेंग ने पश्चिम जर्मनी के दौरे पर आकर गेटे के घर में असभ्य और उद्दंड व्यवहार किया। इस बात से जर्मनी के राजनीतिक जितने क्षुब्ध हुए थे, उससे कहीं ज्यादा क्रुद्ध जर्मनी के आम नागरिक हुए थे। इसी व्यक्ति ने कभी बीजिंग के प्रदर्शनकारी छात्रों को टैंक से रौंदने का हुक्म दिया था। जर्मनी में जब उनके विरुद्ध प्रदर्शन किया जा रहा था तब एक नये निर्वाचित नेता प्रदर्शनकारियों का तिरस्कार कर रहे थे। उनका कहना था—सरकार के अतिथि के साथ ऐसा व्यवहार अनुचित है। माननीय मंत्री जी, इस क्षेत्र में ऐसा व्यवहार करना ही उचित है। भद्रता के दायरे में कैद नेताओं और उनकी सरकार को इन सीधे-सच्चे नागरिकों का कृतज्ञ होना चाहिए। इस बार निश्चय ही हमारी सरकार ऐसा आचरण नहीं करेगी।

मुझे विशेष आशा है कि हजारों लोगों का निरंतर विरोध राजधानी ढाका में पहुँचने पर विफल नहीं होगा। उस देश की प्रधानमंत्री खालेदा जिया को एक स्विस कूटनीतिक ने बताया था कि उनकी सरकार बेहद चिंतित होकर तसलीमा नसरीन के जीवन

के घटनाचक्र पर नजर रखे हुए है। यही हाल जर्मन लेखकों का भी है। मिस्टर किंकेल, इस बार आपके सक्रिय होने की बेहद जरूरत है।

अगणित शुभेच्छा सहित–

एरिख लैस्ट

रादा इवेकोविच का पत्र

प्रिय तसलीमा नसरीन,

मैं आपके यंत्रणा भरे जीवन की सभी खबर रखती हूँ। मैं खुद भी इस जीवन से भलीभाँति परिचित हूँ। मगर मैं आपके बारे में ज्यादा कुछ नहीं जानती। इतना पता है कि आप धर्मनिरपेक्ष समाज गढ़ने के लिए संघर्ष कर रही हैं–धर्म और राष्ट्र को अलग करने के लिए, व्यक्ति स्वाधीनता के लिए, नारी के अधिकार और मर्यादा को प्रतिष्ठित करने के लिए आप जैसी लेखकों और हर नागरिक को, बिना किसी बाधा के अपनी बात रखने की आजादी ही आपका उद्देश्य है। मैं यह भी जानती हूँ कि आप घृणा के विरुद्ध लड़ रही हैं। जातिभेद, धर्म और तमाम विषमताओं के विरुद्ध आपका संघर्ष है। आपका और मेरा आदर्श एक है। पुरुषशासित तथा अंशतः धर्मान्धों द्वारा परिचालित समाज में अपने आदर्शों की रक्षा के लिए आपको कितना दृढ़ और समझौताहीन होना पड़ा है, यह भी मुझे पता है। आप धन्यवाद की पात्र हैं।

अखबारों में आपके समर्थकों ने आपको अनेक बार 'महिला सलमान रुश्दी' के नाम से संबोधित किया है। आप निश्चित रूप से गणतंत्र और स्वाधीनता की रक्षा के लिए लड़ रही हैं। बीसवीं सदी के उत्तरार्द्ध में आप हमारे समाज समूह के सामने अग्निपरीक्षा दे रही हैं। अभी भी समाज हाथ पर हाथ धरे बैठा रहेगा ? विभिन्न

प्रकार के दुर्बोध्य और प्रगति विरोधी मानसिकता का पुनरुत्थान हुआ है। ये लोग विभिन्न नामों से अपना परिचय देते हैं। जैसे कि धर्म, विशेष मतवादी या युक्तिवादी इत्यादि। समाज क्या ऐसी मानसिकता वाले लोगों के दुष्कर्म को प्रश्रय देगा ? हमलोगों की रक्षा के लिए आगे नहीं आएगा ? क्या हमारी सरकारें उग्रपंथियों के विरुद्ध कार्रवाई करके हर नागरिक की आजादी की रक्षा करेंगी ? या कि वे निजी निरपेक्षता को बचाने एवं नीति पालन का दिखावा करती हुई हमें अंधी जनता के हाथों में सौंप देंगी ? और इसीलिए बिना न्याय किये हमें मृत्युदंड दिया जाएगा ?

अपने देश की शासन व्यवस्था की तुलना में, संगत कारणों से ही आप वहाँ की 'जनता' से ज्यादा भयभीत रहती हैं। आपने कानून और अदालत के हाथों 'स्वेच्छा' से अपने को सौंप दिया है। जनता के हाथों वरण मृत्यु या फिर अदालत द्वारा 'मुसलमानों के धार्मिक विश्वास और उनकी संवेदना पर आघात' करने के अभियोग का स्वीकार–इनमें से किसी एक को चुनने के लिए आपको विवश किया जा रहा है। लेकिन इस चुनाव में कोई लाभ नहीं। यह तो आप किस प्रकार प्राणदंड चाहती हैं उसी को जानने की कोशिश है। किसी भी स्वाधीन विचार का रास्ता आपके लिए खुला नहीं है।

मैं इन सब बातों को जानकर बेहद दुश्चिंता में हूँ। कट्टरपंथियों का (वे 'धर्मप्राण' या 'स्वदेश भक्त' भले ही किसी दल के हों) पहला काम स्त्रियों द्वारा अर्जित थोड़े से अधिकार से भी उन्हें वंचित करना है। वे स्त्रियों पर निरंतर अत्याचार करते रहने के हिमायती हैं। ऐसी घटनाएँ उन सभी देशों में नजर आ रही हैं, जहाँ की

स्त्रियाँ थोड़े अधिकार हासिल कर चुकी हैं, अपने देश की आजादी की लड़ाई लड़ते हुए उन्होंने अपनी आजादी को भी लड़कर हासिल किया है। आपके, हमारे, अल्जीरिया या किसी अन्यदेश में—हर ज़गह एक ही हाल है। मुझे लगता है कि धर्म का ऐसी घटनाओं से कोई संबंध नहीं होता। या यह कहना ज्यादा ठीक होगा कि किसी भी धर्म में दुर्भाग्यवश ऐस अन्याय करना असंगत नहीं है। आपके देश के मुसलमान कट्टरपंथी या अन्य देशों के देशभक्त उग्रवादी, किसी भी प्रकार की अंध श्रद्धा दिखाने के लिए ऐसी घटनाओं का ही सृजन करेंगे। यहाँ तक कि जो लोग खुद को मध्यमार्गी होने का दावा करते हैं उनके साथ उग्रवादियों का एक खतरनाक वैचारिक मेल नजर आता है। ये दोनों ही नारी विरोधी हैं। काफी लोग (खासकर पुरुष) 'उच्च पदस्थ संपन्न लोगों' की सुविधा के लिए नारी के मौलिक अधिकारों का हनन करने के लिए सहमत हैं। लेकिन इस मामले में उच्च, नीच या विशेष पदवालों का कोई सवाल ही नहीं उठता। नारी के अधिकारों की सुरक्षा न रहने पर, कोई भी मनुष्य सुरक्षित नहीं रह सकता, लोग इसे समझते क्यों नहीं ? प्रिय तसलीमा, ऐसे जनमत से मैं घबड़ाती हूँ। सिर्फ आपकी या मेरी खातिर नहीं बल्कि हमारे वर्तमान समाज के लिए भी यह ठीक नहीं है। निष्क्रियता के फलस्वरूप समाज में और भी क्या-क्या घट सकता है, स्त्रियों पर निरंतर बढ़ता अत्याचार उसी का एक विपत्तिसूचक पूर्वाभास है। इसका असर पुरुषों पर भी पड़ता है। मगर स्त्रियों की इस समस्या को उदाहरण के तौर पर लिया जा सकता है। इसे आसन्न विपत्ति के रूप में देखा जाना चाहिए। इस घटना से हमलोग और कुछ नहीं तो इसके लक्षणों

को पहचान सकती हैं।

मुझे अपने साथ तुलना करने के लिए क्षमा कीजिएगा। क्योंकि हम दोनों की स्थिति में थोड़ा फर्क है। अभी तक किसी ने मेरे सिर की बोली नहीं लगायी है और मेरे विरुद्ध कोई धार्मिक फतवा भी जारी नहीं किया गया है। मुझे लगता है कि आपके और मेरे लांछना में सिर्फ मात्रागत पार्थक्य है, प्रकृतिगत पार्थक्य नहीं। यह भी सही है कि आपकी तुलना में मुझे कम भयभीत किया गया है। मेरी व्यक्तिगत विपत्ति भी आपकी तुलना में हास्यास्पद रूप से कम है। हम दोनों जहाँ पैदा हुई हैं उस समाज में आधुनिक 'डाइन' खोजने की चेष्टा की गयी है। अपने देश में मैं अन्य चार महिलाओं के साथ 'डाइन' अनुसंधान की शिकार हुई। (ये चार महिलाएँ थीं—लेखिका और पत्रकार डुब्रावका उग्रेलिक, वेसँना वेलिक, बेलेना लाभ्रिक एवं स्लावेस्को ड्राकुलिक।) इस काम की जिम्मेदारी उत्कट देशभक्त अखबारों और आम जनता को सौंपी गयी थी। कई सप्ताहों और कई महीनों तक हमारे ऊपर गंदगी और दोषारोपण की भयावह बर्फानी नदी गुजरती रही। युद्धकालीन विध्वंस ने हमारे समाज को काफी विपत्तियों में डाला था। उसमें एक विपत्ति स्त्रीविरोध की भी थी।

आपको पता है कि मुझे सबसे ज्यादा किस बात ने आतंकित किया था ? एक निडर पत्रकार और हमारे एक-दो साथियों के अलावा, और किसी भी सहकर्मी ने हमें समर्थन देने की कोशिश नहीं की। वे सामने आकर खड़े नहीं हुए। लेकिन यह तो अभिव्यक्ति के अधिकार की आज़ादी का सवाल था। सिर्फ हमारे पक्ष के समर्थन की बात नहीं थी। अखबारों में हमारे व्यक्तिगत जीवन की झूठी

खबरें छापी जा रही थीं। हमारे विरुद्ध चरित्रहीनता, देशद्रोहिता, जातिविद्वेष का अभियोग लगाकर विचारहीन मृत्युदंड की माँग की जाने लगी थी। उस वक्त हमारे सहकर्मियों के लिए इस घटना का विशेष तात्पर्य नहीं था। सिर्फ महिलाओं और महिला संगठनों ने नीतिगत रूप से खुलकर हमारा समर्थन किया था। सरकारी कर्मचारियों ने भी इस मामले में 'अखबारों की स्वतंत्रता' की हिमायत की थी। यह स्वाधीनता दरअसल अपने प्रतिपक्ष के विरुद्ध दुष्प्रचार की स्वाधीनता थी, और प्रतिपक्ष था नारी समाज। नारी होकर पैदा होने के दोष में हमें कुत्सा के कीचड़ में खींचकर हम पर आक्रमण किया जाता रहा। हमारे यहाँ 'डाइनों' की हमेशा ही बहुतायत रही है।

आशा करती हूँ कि एक दिन जब आपकी लांछना का अवसान होगा, तब आपका और मेरा परिचय होगा। तब मैं आपसे इस विषय पर चर्चा करूँगी। तब तक हिम्मत से काम लीजिए।

रादा इवेकोविच

असहिष्णुता

बाँग्लादेश के कुछ धार्मिक कट्टरपंथी संगठनों ने तसलीमा नसरीन के विरुद्ध जिस युद्ध की घोषणा की है वह नाना आशंकाओं को जन्म देती है, खासकर इसलिए कि यह एक ऐसे समय शुरू हुआ है जब दुनिया में हर जगह विचार स्वाधीनता का ज्वार है। सन् 1993 की फरवरी में प्रकाशित 'लज्जा' उपन्यास ने मुल्लाओं को श्रीमती नसरीन के विरुद्ध भड़का दिया है। 6 दिसंबर 1992 को भारत में अयोध्या में बाबरी मस्जिद के ध्वंस के बाद ढाका के एक हिंदू परिवार की दुःख-दुर्दशा ही इस उपन्यास की विषयभूमि है। इस घटना के पीछे जिनका हाथ था लेखिका ने उनकी भरपूर निंदा की है, लेकिन उन्होंने उनकी हालत पर खास दृष्टिपात करने की कोशिश की है जिन्हें धार्मिक कट्टरपंथियों की जिद का खमियाजा भुगतना पड़ता है। भारतीय उपमहादेश के विभिन्न संप्रदायों और जातियों के लोग स्थिति से अपरिचित नहीं हैं। इस दृष्टि से देखने पर यह उपन्यास हिंदू और मुसलमान दोनों ही पक्षों के धार्मिक कट्टरपंथियों पर प्रहार करता है। संप्रति एक बातचीत में अपने मंतव्य (शायद गलत ढंग से उद्धृत) के लिए तसलीमा नसरीन

बाँग्लादेश सरकार का भी कोपभाजन बन गयी हैं। कट्टरपंथियों ने उनको मारने की ऊँची कीमत लगायी है। जिस पत्रिका में वह नियमित लिखती थीं उस पत्रिका के संपादक को भी बम का निशाना बनाया गया था।

इस घटना ने निश्चित रूप से पूरे उपमहादेश को आलोड़ित किया है। गत कई वर्षों के अनुभव ने यह स्पष्ट कर दिया है कि इस प्रकार की घटनाएँ राष्ट्र और संप्रदाय का बिना लिहाज किये बार-बार एक ही प्रकार से घटित होती रहती हैं। प्राचीनकाल से चली आनेवाली एक प्रकार की 'प्रामाणिकता' बनाये रखने के बावजूद इससे अस्वीकार नहीं किया जा सकता कि कट्टरपंथी—ईसाई, हिंदू, यहूदी, मुसलमान या सिख चाहे जो भी हों—एक-दूसरे पर काफी जुल्म ढाते रहते हैं। कोई-कोई तो लेखक, वैज्ञानिक और पत्रकार को शिखंडी करके हिंसा की प्रतियोगिता शुरू कर देते हैं। इसी बात को ध्यान में रखकर हममें से प्रत्येक के लिए उचित है कि तसलीमा नसरीन की घटना की पृष्ठभूमि को देखते हुए अपना नजरिया तय कर लें। अगर कोई भी सीमा स्पष्ट रूप से चिह्नित या सुरक्षित न की जाय तो हमलोगों के मानसिक पतन की भी कोई सीमा नहीं रहेगी और अंत में हम एक ऐसी जगह जा पहुँचेंगे जहाँ पर किसी भी तरह के विरोध की कोई गुंजाइश नहीं रहेगी।

'लज्जा' के साहित्यिक मूल्यांकन का सवाल इस समस्या के साथ किसी प्रकार से जुड़ा नहीं है। लेकिन इस बात से इनकार नहीं किया जा सकता कि तसलीमा नसरीन ने कथासाहित्य की सबसे बड़ी चुनौती को बड़े साहस से ग्रहण किया है। समाज में उन्हें जहाँ खड़ा करके उन्हें अपनी बात कहने का दिखावटी अधिकार

दिया है, वह वहाँ से अलग हटकर समाज को देख रही हैं। कुछ लोगों का कहना है कि 'लज्जा' उपन्यास के रूप में बेहतर नहीं बन पायी है। दरअसल इस उपन्यास में परंपरागत रीतियों के परिप्रेक्ष्य में जो दुर्बलताएँ नजर आ रही हैं, उसी से उसकी शक्ति जाहिर होती है। और यह शक्ति है—पागल करनेवाला प्रवाह, अलंकारहीन गतिशील गद्य, कल्पना और तथ्य का मिश्रण, रह-रहकर उठने वाली बहस और आवेगभरी स्वतःस्फूर्त। श्रीमती नसरीन चाहतीं तो विषय और शिल्प की दृष्टि से कोई परंपरागत उपन्यास लिख सकती थीं। लेकिन परंपरागत लेखन के विरुद्ध उनके स्वैच्छिक प्रतिवाद ने हर प्रकार की आलोचनाओं से परे रहकर इस पुस्तक को नये सिरे से देखने के लिए विवश किया है। श्रीमती नसरीन को लेकर छिड़ी राजनीतिक और साहित्यिक बहस ने मिस्र की विख्यात नारीवादी लेखिका नावान एल सदाउई को लेकर छिड़ी बहुत पुरानी बहस की याद दिला दी है। मिस्र के धार्मिक कट्टरपंथियों ने उनके तीखे वक्तव्यों की आलोचना की थी। श्रीमती एल सदाउई का जीवन आम संकटों से घिरा हुआ है। उनके कई उपन्यासों की आलोचना इसलिए हुई कि वे साहित्यगुण से समृद्ध होने की दृष्टि से बहुत ज्यादा विवादित थे।

इस प्रकार के उपन्यासों पर विचार किस नियम से किया जाए, समस्या यहीं पैदा होती है। अमूमन लेखक समाज अनुमोदित साहित्यिक 'फॉर्म' को मानकर चलते हैं। असल में नावान एल सदाउई और तसलीमा नसरीन ने आधुनिक समय का एक उपयुक्त 'फॉर्म' तैयार किया है—विवादित कथा साहित्य का 'फॉर्म'। समसामयिक धार्मिक कट्टरपंथ और शोषण का असली जवाब ऐसी

ही शैली में दिया जा सकता है।

अमरीका में अल्पसंख्यकों के अधिकारों की रक्षा की समस्या से भी ज्यादा महत्त्वपूर्ण इस समस्या की अभिव्यक्ति के लिए इस तरह का 'फॉर्म' चुनने के कारण श्रीमती नसरीन एक नये पथ की पथिक बन गयी हैं। उनकी कोशिशों से यह प्रमाणित हुआ है कि भारतीय उपमहादेश में सांप्रदायिक सौहार्द एक ऐतिहासिक सत्य है जो धार्मिक उग्रपंथियों के प्रलाप के बावजूद अटूट है। हमलोगों को अपने लिए तथा उनके लिए जो कुछ भी करना संभव है जरूर करें, जिसमें उनका अनन्य और गुरुत्वपूर्ण स्वर मौन न हो जाय।

—अमिताभ घोष

लेखक परिचय

सलमान रुश्दी : ब्रिटिश लेखक। सन् 1947 में मुंबई में जन्म। 'द सैटेनिक वर्सेस' के चर्चित लेखक। इस उपन्यास में हजरत मोहम्मद की निन्दा के अभियोग में ईरान के अयातुल्लाह खुमैनी ने उन्हें मृत्युदंड दिया था। तभी से रुश्दी छिपकर रह रहे हैं। मगर लेखन उनका जारी है। 1993 में उन्हें बुकर पुरस्कार से सम्मानित किया गया। हाल ही में प्रकाशित 'द मूर्स लास्ट साई' उनका अभी तक का अंतिम उपन्यास है।

वेरनार-अंरी लेवी : फ्रांसीसी दार्शनिक। पेरिस निवासी। बहुत दिनों से बोरिनया के हमलों के खिलाफ प्रतिवाद कर रहे हैं। पिछले दिनों वर्लिन में अपनी फिल्म 'बसना' पूरी की। उनके लिखे काफी निबंध चर्चित हुए हैं।

नादिन गार्डिमर : दक्षिण अफ्रीका की लेखिका। सन् 1923 में जन्म। 'द लाइंग डेज़', 'द लेट बुर्जुआ वर्ल्ड', 'माई सन्स स्टोरी', 'नन टु एकंपनी मी' आदि उनके चर्चित उपन्यास हैं। उन्हें साहित्य का

नोबल पुरस्कार भी मिला है। दक्षिण अफ्रीका की महिलाओं में उन्हें ही पहली बार यह पुरस्कार प्राप्त हुआ है। अंतर्राष्ट्रीय 'पेन' क्लब की उप सभापति हैं।

फिलिप सोलेर : असली नाम फिलिप जोयो। फ्रांसीसी लेखक। पेरिस निवासी। फ्रांसीसी भाषा में ढेरों पुस्तकों के लेखक। 'करेन द लुई', 'ल सेक्रे' आदि पुस्तकें चर्चित।

रशीद मिमूनी : अल्जीरिया के रशीद मिमूनी फ्रांसीसी के लेखक हैं। मुसलमान कट्टरपंथियों के अत्याचारों से उन्हें देश छोड़ने के लिए विवश होना पड़ा। तभी से वे फ्रांस में निर्वासन के दिन बिता रहे हैं। कहानीकार और उपन्यासकार के रूप में चर्चित।

लैला सब्बार : अल्जीरिया में पैदा हुई मगर पेरिस निवासिनी। इस बहुचर्चित लेखिका की अंतिम प्रकाशित कृति है—'ल सिलँस दे रिव' (1993)।

पियेर मेर्तन्स : चर्चित लेखक। ब्रुक्सेल के 'सेंटर आफ सोशिओलॉजी एंड लिटरेचर' के प्रमुख। इनकी रचनाएँ कई भाषाओं में अनूदित।

सुजान संटाग : अमरीकी लेखिका और फिल्म निर्देशिका। सन् 1933 में जन्म। चर्चित कृतियाँ : 'द बेनिफेक्टर', 'डेथ किट', 'द वाल्कनो लवर' (उपन्यास)। 'ऐलिस इन बेड' (नाटक)। चर्चित फिल्में—'प्रॉमिस्ड लैंड', 'अनगाइडेड टूर'। सन् 1993 में साराजेवो में 'वेटिंग फॉर

गोदो' का निर्देशन किया। ढेरों अंतर्राष्ट्रीय पुरस्कारों की विजेता।

वात इयेओर : इजरायली लेखिका। स्विटजरलैंड की निवासिनी। 'विभिन्न धर्म और क्षमता'–इस विषय की विशेषज्ञा के रूप में चर्चित।

एल्फ्रिडा येलिनेक : ऑस्ट्रीय मूल की कृतिकार। वियेना और म्यूनिख में निवास। चर्चित उपन्यास तथा कहानी संग्रह–'प्रेमिकाएँ', 'पियानोवादिका', 'अभिलाषा', 'हे ऊसर निर्जन प्रांतर', 'मुझे उससे मुक्ति दो'। 'आओ क्लारा' तथा 'दुर्गनाटक' उनके लिखे नाटकों में चर्चित हुए।

एरिख लैस्ट : सन् 1957 के अंतिम दिनों में भूतपूर्व पूर्व जर्मनी में एक क्रांतिकारी पार्टी बनाने के अभियोग में साढ़े सात साल का कारा दंड मिला। वाद में देश से निर्वासित होने के बाद, दोनों देशों के एक न होने तक, पश्चिम जर्मनी में निवास। 1984 से 1986 तक लेखक संघ के अध्यक्ष रहे। 'खटमलों के साथ मेरा जीवन', 'सपने का द्वीप' आदि उनकी चर्चित पुस्तकें हैं।

रादा इवेकोविच : क्रोएशिया की लेखिका। त्रागरेव विश्वविद्यालय में दर्शन की अध्यापिका। उनकी बहुचर्चित कृतियाँ हैं–'बनारस–भारतवर्ष से एक प्रबंध', 'उत्तर आधुनिक तर्क की मीमांसा।'

अमिताभ घोष : बाँग्लाभाषी भारतीय। कलकत्ता निवासी। कई उपन्यासों के लेखक। 'द सर्कल आफ़ विज़न' तथा 'द शैडो लाइंस' उनके चर्चित उपन्यास हैं। मुख्यतः अँग्रेज़ी में लिखते हैं। 'द शैडो लाइंस' साहित्य अकादमी से पुरस्कृत।

●●●